藍學堂

學習・奇趣・輕鬆讀

最強腦力

德國冠軍腦科學家實證的
數位時代大腦學習法

Das neue Lernen:
heißt Verstehen

漢寧・貝克
Henning Beck————著

賴雅靜————譯

越是了解自己的大腦，
對健康和學習越有幫助

洪蘭

中原大學、台北醫學大學、中央大學 講座教授

　　以前去壽宴，大家都是祝賀壽星「長命百歲」，現在光是這句不夠了，在「長命百歲」之前還得加上「身體健康」，因為身體不健康而長命百歲，那是活受罪。偏偏現在的人越活越長，除了能吃、能睡、能動之外，還要心智也健康才行。

　　在所有的老人疾病中，大家最害怕的便是失智，尤其是阿茲海默症。當一個人失去記憶，不知道他自己是誰時，生命也就沒有意義了。這個恐懼使得最近有關增強記憶和開發腦力訓練的書非常暢銷，但是從實驗著手，闡明記憶的神經生理本質的書卻很少，本書是難得的一本。

　　作者曾經參加過德國的科普比賽，將科學以最簡單易懂的方式介紹給一般老百姓而得過獎（這其實是件不容易的事），這是他的專長，所以本書的寫作就是採取同樣方式──偏向實際的應用而比較少理論的陳述。這一點很適合台灣的讀者，因為老師、父母最想知道的是如何增進

孩子的記憶力，最好能對學習達到立竿見影的效果。尤其教育部在推動素養導向教學後，對台灣學生記憶的要求比以前更高，明明是數學題，卻有三百字的文字敘述，很多孩子不是不會做數學，而是題目太長，看到後面，忘記前面在講什麼了。

其實智力測驗基本上就是記憶力的測驗，因為記憶是所有學習之本。所以台灣的記憶補習班越開越多，甚至連父母本身都去報名，每個人對自己都沒信心，都希望有什麼方式來增強記憶，最好能一目十行，過目不忘。作者在書中指出其實每個人的記憶能力都差不多，差別在運用記憶的策略上，所以他從記憶的本質（即神經迴路的強化）著手，告訴讀者：凡是跟強化神經迴路有關的方法都能強化記憶。

作者建議記憶時，可以採取間隔效應（spacing effect），因為它是強化記憶最好的方法。他說與其一直背誦，不如間隔開來，每隔一段時間，溫習一下要背的東西，不時把相關的神經迴路提取出來，增加它的連接強度。

還有實驗發現連續背誦同一個內容多次以後，大腦會對這個訊息失去新奇感，這就減少了正腎上腺素的分泌，正腎上腺素會增加我們記憶的強度，所以交替學習不同的學科會保持大腦對學習的新奇感。這也是為什麼學校課程的安排是英文課上五十分鐘後，要換上數學課來避免學習疲勞。

中國有句俗語「小和尚念經有口無心」，當一直背誦，新奇感消失，注意力退去，只剩下運動皮質區機械性的活化嘴巴後，我們就看到孩子嘴雖然仍在背書，心卻不知跑到哪裡去了。因此作者在書中一直強

調好奇心的重要性，老師要先激發孩子的好奇心，他才會去思考可能的答案，當開始思考後，這一條迴路會激發另一條相關的迴路而形成網路，在找出最後答案的同時，記憶迴路也形成了。所以作者說即使不知道答案也沒關係，因為透過思考，這個知識已經進入大腦了，會形成下一次思考的背景知識（或稱鷹架），幫助下一次答案的出現。其實這就是台灣最近在推的翻轉教育，用啟動學生的思考為教學的主要策略。

另外，作者談到睡眠對學習的重要性，中國的父母有「勤能補拙」的觀念，都希望孩子「頭懸樑，錐刺骨」，最好每一分鐘都在讀書。這個錯誤觀念一定要透過「睡眠會使學習事半功倍」的實驗證據來化解：睡飽的孩子心情比較好，記憶力比較強，思考力比較清晰，學習效果比較強。

過去看不見大腦內部工作的情形，以為睡眠時大腦在休息，最近腦造影的儀器進步，我們才了解原來睡覺時，是身體在休息，大腦依然在辛勤工作，它在補充跟學習和記憶有關的神經傳導物質——血清張素和正腎上腺素。孩子在經過一夜的好眠後，大腦補充了血清張素和正腎上腺素，早晨背英文生字比較記得牢，寫報告條理比較清楚。更重要的是深度睡眠還可以防止阿茲海默症，因為在那個時候，大腦中血腦屏障的膠質細胞會縮小 60%，讓脊髓液能載滿了新陳代謝廢物運送出去。

記憶一直是人成為人最重要的因素，對自己的記憶了解得越多，對自己的健康和學習越有幫助，一本深入淺出的學習科普書是二十一世紀必備的案頭書。

遺忘，讓我們學得更好；
理解，讓我們駕馭電腦

文森說書
YouTuber

　　舉凡所有講述學習技巧的書籍，都會盡其所能地告訴讀者：「在這數位時代，超級電腦一分鐘能記憶下來的資訊量，會大於我們一生所有的資訊。」儘管這樣的殘忍話語直接讓身為人類的我感到不少憂慮，但作者接著拋出一個值得慶賀的觀點：就目前所知，幾乎所有生物都可以學習，例如猩猩拿筷子用餐、可愛的拉布拉多擔任導盲工作，但關於理解這項能力，目前還是人類所獨享。

　　看到這邊，應該心情好一點了吧？但再返回去思考，儘管人類會思考理解，然而電腦運算速度如此之快，我們是否難逃被吞噬的那一天？

　　正如作者所說的，學習的目的不是為了重現過去，而是為將來的抉擇作準備。如果我們上網搜尋「理想伴侶」，的確可以在茫茫大海中找到幾個得到理想伴侶的方法，但生活中呢？大部分的人還是得依靠為數不多的幾段感情關係，自己體悟、自己理解自己，最後才可以找到愛人

（你找到了嗎？）。不只這些，當我們想去買房、買車，甚或職涯選擇，即便我們可以儲存如超級電腦這麼多的資訊量，如果始終無法理解何謂「住得舒適、開得舒服、工作得開心」，那抉擇的品質依然堪憂。

具體化的形容大腦運作，是書中我非常喜歡的元素，作者用極其生動的方式形容大腦記憶的過程。例如：去市中心的某間大樓開會，穿上西裝，踩著皮鞋，禮貌地跟櫃檯人員介紹自己，保全打了通電話給所屬公司，並再三確定身分之後才讓你上樓，但同時一個送外賣的小哥卻不需要通報櫃檯就可以直接上樓了，你該去責怪安保系統的不謹慎，還是這是讓大樓運作更加順暢的巧妙方式呢？

你沒看錯，作者就是用這種方式來形容大腦裡的運作。主要是想傳達，大腦不會讓每個新訊息任意進入，而是會經過審查、轉送，但如果某個資訊在過去已經屢屢經過審查，好比新的數學公式、難上加難的熱力學，這些資訊若是像每天都會來的外賣員一樣，大腦就會自動放行。

讀了作者生動的比喻之後，身為麵包狂熱者的我也想到了另一個例子來形容大腦的運作：小巷中的麵包香撲鼻而來，那是我最愛的一間現烤麵包店，步入店內，我最先就是找到我最愛的巧克力夾心麵包，最後再拿個可頌結束今天的採購，過程大概不超過五分鐘，可以如此迅速，主要是因為我已經知道這些麵包是怎麼擺放的。那麼我們的大腦呢？是不是也像一家麵包店，當我想取用某段記憶時，它就會放在那？

書中作者也將「遺忘」與「學得更好」一起探討：人類為了學得更好，所以讓自己學會了遺忘。讀到這邊，你是否會懷疑自己沒看清楚？那麼再補充說明，如果我們的大腦內已經有個原子筆的概念，我們只要

看到類似用途以及外型的東西都會認為是原子筆，直到有人告訴你，某些是油性筆有些是水性，你的大腦就會開始剔除中間混雜的部分，放入各自不同的特徵。簡單來說，大腦為了把更多事情區分來看，不讓相似資訊混在一起，會透過類似釋放記憶體的方法讓我們學得更好。

這本書完全打破我對記憶以及學習的想法。如果說過去的我在《超速學習》中學到了如何學習新技能，在《大腦喜歡這樣學》中學到了如何吸收學科性質的內容，那我會說，在這本書中，我學到了理解與學習的不同，並有了新的方向去規劃未來的自己如何吸收以及理解資訊。

不敢說我對這本書的理解一定正確，但我感謝這本書的問世，讓我在閱讀過程中享受這人類獨有的能力。你，準備好善用這個專屬技能了嗎？

目錄　Das
　　　neue
　　　Lernen
　　　最 強 腦 力

人類獨享的能力——理解力

　　從小我便熱愛上學！這句話聽起來滿怪的，不過我向來熱愛學習新知，上學讓我每天都能盡情嘗試、體驗新事物，而且完全免費，真是一份「豪」禮！我的同學大多認為，求學階段最美好的時刻，就是拿到高中文憑，參加畢業典禮的那一天（至少許多人是這麼說的），但我卻特別懷念第一次上學的日子，這是何其美好的一天呀！我終於得以進入知識的殿堂了。

　　好吧，有三個原因創造了這份美好的回憶：也許我運氣好遇到了好老師（這一點我大可肯定）；也許我們學校特別先進（未必）；又或許是我腦筋有毛病。畢竟，大家對於求學階段的學習印象通常不佳。只要看看德語中的表達方式，就知道對「學習」這件事，一般人的觀感究竟如何。說到「學習」，不僅只是「學」、「習」，還包括「苦讀」、「死記硬背」、「刻苦用功」、「一再溫習」；牢記、烙印、反覆練習、填鴨，乃至千錘百鍊。總歸一句話，學習顯然是相當恐怖的一件事；至少在你以上述方法學習時，學習就意味著，把知識從 A 轉移到 B 的機械過程。

　　我們隨時都需要學習。不論是為了因應學校、職場或個人需求，我

們都必須不斷進修，才能跟上最新的知識發展。時代的進步如此快速，就連學習與教學領域的專家都可能落伍。不久前我在我的題詩紀念冊中見到：「學如逆水行舟，不進則退。」這句話，這是我的小學同學題贈給我的，只是當時他萬萬料想不到，由於全球資訊量正以驚人的速度暴增，今日沖擊我們「倒退嚕」的已經不是河水，而是威力龐大的滔滔湍流。就在我寫下這個句子的短短時間內，臉書（Facebook）上已經產生將近 22 兆個位元組的資料，谷歌（Google）處理了一百二十萬條搜尋，而 YouTube 上已經多出一百個小時的新影片。與此相較，我寫出的句子只占 210 個位元組。網路上傳播的訊息雖然有許多垃圾，但誰的腳步還能跟上這些持續膨脹的數據量？資訊擴增這麼快，我們還有能力去學習嗎？

更重要的是，學習這件事現在是否還跟得上時代潮流？十五年前在觀看電視節目《超級大富翁》（編按：源自英國獨立電視台的遊戲節目 *Who Wants to Be a Millionaire?*）時，遇到不懂的問題，我們還會動腦思考——真正的主動思考！現在卻只是一場 Google 競賽。馬達加斯加的首都在哪裡？趕緊掏出智慧型手機，不消幾秒，螢幕上就秀出答案了。

既然任何知識我們都能隨處 Google 得到答案，又何需背誦或學習的能力？我們還需要學習或上學、參加職業培訓或進修嗎？誰還需要知道美國何時獨立，《魔法師的學徒》（*Zauberlehrling*）作者是誰，或者鹽酸的腐蝕性比硝酸強？反正這些東西彈指之間就能查到。當然啦，在益智節目上，這些知識也許能幫你賺到些許獎金，但除此之外這些知識又有何用？矛盾的是：世界上不斷出現大量的新知識，但在今日，「學

習」卻又史無前例地看似無用。

更何況，也許我們很快就不再是全世界最優秀的學習者了。數千年來，我們大可相信，自己具備了比任何其他人更優秀的能力：我們能迅速分析、儲存資訊並加以調整運用，也就是具備了「學習」的能力。不過，這種情況正在改變，因為我們智識霸主的地位開始動搖，而對手則是電腦系統。據說，這名勁敵同樣擁有學習能力，而且學得比人類快多了。如果學習在於分析、處理並儲存輸入的訊息，那麼，我們就會如同令人擔憂的預言般，在與機器學習的角力戰中舉白旗投降。你不妨問問世上最強的撲克牌、西洋棋、圍棋或《星海爭霸》（StarCraft）玩家，就知道人類已不再有機會和擁有機器學習能力的遊戲系統抗衡了。學習，似乎已經成了老舊機型，是一種時代錯置，已經完全過時。

不過別擔心，學習非常美好，但一點也不稀奇，幾乎每一種生物都會學習：雞會學習，老虎會學習，抹香鯨會學習，就連電腦也會學習！但唯有我們人類才擁有理解能力。學過的東西會日久生疏，但知識一經理解，就再也不會退回「不理解」。因為理解意味著，我們的思維方式產生了變化。重要的不是我們把什麼裝進腦子裡，而是如何加以運用，而這一點遠比學習本身重要得多。此外，如同我在本書後面即將證明的，無論電腦如何發展，短期之內，**「理解」依然是人類獨享的能力**。

市面上買得到上千百本教導我們如何學得更好的書，有一大堆關於教學與教育法，以及有關各種學校型態與教育理念的書，但這些書幾乎都沒有探討真正的理解是怎麼回事。就算在自然科學領域，「理解」這件事也是個受到冷落的小媳婦；但唯有理解事物的人，才能改變事物、

辨析因果、創新或探究既有的知識。學得好的人能通過考試，很棒！但能理解的人，能進一步運用知識。他們不僅能一比一地儲存新訊息，也能主動改變。他們不僅能高效地處理問題，更能以富有創意的方式解決問題。他們能規畫，能自我質疑並創造世界。因為理解的人總是走在眾人之前；**理解是一切變革的開端。**

當然，探討「理解」的科學並非什麼新發明，古希臘羅馬的哲學家便已開始探討「認知」現象，而某些人文科學的分支也專門研究「理解」這個主題——這也是本書所致力探討的。我的目標是，協助你了解「理解」的過程，以及如何以最理想的方式進行「理解」。

研究「認知」的古希臘、羅馬哲學家無疑都是聰明人，但不是都能發現，形成他們奧妙思想的，正是自己的腦子。如今我們的知識更加進步，我們知道人類的理解過程是在腦中進行的。幸運的是，這正是我在大學時攻讀的專業，這一點有助於我在接下來的篇幅中，與你共同體驗一場人腦的思考與認知過程之旅。

有學習才有理解（反之亦然），因此本書一開始要先檢視人腦在學習並「儲存」新訊息時所運用的手法。光有學習當然不夠，否則我們就真的得懼怕擁有自學能力的演算法與人工智能了。基於這個理由，在第二章我們將介紹人腦在構成、理解知識及思維時運用的特殊策略。

歌德說過：「光知道不夠，還必須加以運用。」我這位法蘭克福鄉親（譯按：歌德生於法蘭克福）說得極有道理！基於這個理由，在第三章我們將進行前導說明，探討如何「理解」。有興趣的讀者，可以在這裡學到協助我們自身理解事理，也協助他人理解的重要「認知搏擊術」。

經過這番訓練後，了解知識是什麼、知識如何掌握（亦即理解），接下來要做的，便是善用自己的知識。理解是滋養好構想與好決策的肥沃土壤，因此接下來，我要提出一些建議，讓教育變得更聰明，也讓我們能拓展新知與新觀念。

學習誠可貴，理解價更高，何況在語言層面上，理解享有的聲譽也遠優於學習。「理解」就是懂了、明白了、領會了、了悟了、通透了、知曉了、看透了或是洞察了，彷彿我們瞥見舞台布幕後方的景象，發現平常我們見不到的天地；這也正是我們此刻在做的。那麼，請你好好閱讀這本書，將會有一番驚喜的收穫。

學習

Das neue Lernen

1.1　腦中硬碟的位置

　　一切知識都始於思考。當然，許多學習型態並不需要有意識地思考（例如「自動化階段」的學習），但本書探討的是，我們如何有意識地處理並學習訊息，以期最終能夠理解訊息的含意。沒有學習就無法成就理解，而沒有思考也不可能學習。然而，我們腦子裡的意念究竟是怎麼回事？而我們所學過的知識，究竟又藏身何處？

　　人腦有個大問題：我們看不到它是怎麼運作的。如果我們切開腦部觀察，見到的是一公斤半的水、蛋白質與脂肪，乍看之下並不特別美觀，但有哪個內臟稱得上美觀呢？一顆腦的大小相當於一顆大芒果，而爛熟的芒果，相態也和人腦極為接近；這讓人忍不住想提出，數千年來人類苦苦思索的問題：這樣的大腦是如何形成思維的？

　　在日常生活中，我們很習慣每件物體都占據一定的空間，當我們想存放某件物品時，我們就將它放置到某處，之後再從那裡找出來。例如你將一塊金條鎖進保險箱（儲存在保險箱內），需要時再取出。我們總是將物品存放在某處，換句話說，儲存需要一個地點（一個「儲存空間」，德文稱為 Speicherplatz）。因此我們大可假設，大腦也是訊息的「儲存空間」。

這種想法或許與 Speicherplatz 這個字有關：Speicher 源自拉丁文的 spicarium，意思是貯存穀穗（拉丁文：spica）的糧倉，因此每個儲存空間都是一個古希臘、羅馬穀倉的現代版。在德語裡罵人「腦袋裡有麥桿」（Stroh im Kopf，表示某人很蠢），說不定就是源自這裡……

如此說來，一個「Speicher」就是一個地點，而當我們想貯存物品時，就必須將它存放在這個地點。然而，人腦不同，如果我們把一塊金條擺進保險箱，多年後再取出，金條的外觀依舊會和存放時相同，但人腦中的訊息與思想卻不同，它們不斷改變，會經過加工處理、異化，而且並非位在我們腦部的某個位置。這麼一來，如果我們想要探究大腦到底是如何儲存並學習資訊，情況就有點複雜，因為這是另外一回事：「學到的」與「記憶」二者間的關係，就如美味的麵包與穀倉，我們必須先將儲存物（無論是訊息或穀物）加工處理，才能形成美好的產物。這種加工處理過程是學習，而最後的產品（腦中的思維）便是我們所學到的內容。

思維的音樂

在人類的腦子裡，我們看不到任何思想，也看不到任何資訊、回憶、數據、情感或知識，只看得到彼此連結的神經細胞：而這些神經細胞的互動才創造出我們稱為「思維」的產物。

聽起來太過抽象嗎？請你想像自己置身在演奏會上，前方坐著樂團，但沒有任何人演奏。當你見到坐在你前方，靜默無聲的樂團時，你

並不知道這個樂團剛才演奏了什麼，或者接下來要演奏什麼曲子。人腦的情況也是如此：如果把人腦切開，你同樣不知道這顆腦在想什麼（雖然想當然耳，切開的腦應該已經無法思考了）；一個系統的組織構造還無法告訴我們，這個系統是如何運作的。光是見到一個樂團或一顆腦，我們還無法推論，接下來的旋律或思維會如何展現。當然，知道人腦的解剖構造，對我們多少有幫助，但光是這樣還不夠。這就彷彿我們在德國的法蘭克福上空飛行，想從空中俯瞰，了解這座城市如何運作。也許我們能分辨住宅區、公園、購物商場、商業區的位置，也看得出何處交通特別繁忙，但隱身在這些建築物之中的究竟是什麼、有哪些互動在進行著，我們依然不清楚。

　　樂團演奏音樂時會形成一種狀態，但無論你多麼仔細觀察這個樂團，都找不到音樂究竟在哪裡，因為音樂必須在音樂家合奏之下才會形成。不只如此，同一樂團可以演奏兩首不同的曲子，也就是在同一個地點，能存在兩種截然不同的活動。人腦中的情況也類似，同一個神經網絡能接受不同的刺激而活化，這樣的活動，我們稱之為「思考」。一個思想意念並不會儲存在某個地方（如同硬碟上），思想意念是人腦當下的狀態。

　　以這種方式激生各種狀態，具有一個極大的優點：不受地點限制。請你同樣想像，某個樂團正在演奏貝多芬著名的「第五號交響曲」開頭「ba-ba-ba-baaaa」。無論演奏的是弦樂器、木管樂器或小號，我們都能聽出這段旋律。此外，在原來的旋律上也能改變力度，加上漸強、弱或中強等變化，而在聆賞時，我們同樣能心領神會。狀態的變化，本身也

能夠呈現出某種意涵，而這一點，我們一樣可以運用在人腦上面：思想意念不必然是神經細胞當下正在進行同步活動，也可能是同步活動在產生變化。

題外話：腦科學的聖杯

我們對樂團的了解幾乎可以說是鉅細靡遺，能解釋各種樂器如何運作，也知道樂團一般的組成。我們知道在樂團中，音樂家彼此之間構成的動能，也能說明各種樂器所發出相互碰撞的聲波互動，是如何形成音樂的。

對於大腦各部分的運作，例如神經細胞如何改變結構、激活哪些基因、釋放哪些傳導物質，以及這些活動會帶來怎樣的影響等，我們了解的也不少。當然，我們對相關的知識還稱不上鉅細靡遺，但是我們已能清楚解釋神經細胞的基本運作法則。此外，對於人腦的構造，我們也有相當程度的了解，知道人腦的哪個部位處理視覺、語言、運動技能或者是情緒狀態。

但在此我們也必須坦承，對於人腦的大略構造，雖然建構出日漸清晰的圖像，卻仍然不了解其中各個部分是如何連結、互動的。此外，我們對人腦大部分的功能還是不了解。這些區域大多位在所謂的腦皮質聯合區，因為這些腦區的種種功能，我們才得以進行較高階的思考，其中包括許多我們稱為有意識的思考、語言與記憶等，或是規畫行動時所需的能力。

另外，我們尚未了解的還有：腦細胞彼此間的互動如何形成我們所說的「思維」？成千上萬，乃至上百萬個腦細胞如何同步活動，又如何控制這種動能？在音樂中構成音樂的要素，如果我們將它視為是決定思維的神經元程式碼，那麼一直到今日，我們依然沒有破譯這種腦中的程式碼。

也許永遠沒有哪位生物學家能回答這個問題，也沒有哪個樂器製造者能解釋，樂團演奏的音樂是如何形成的。此外，如果想解釋思維如何形成，也許我們需要一種截然不同的科學或研究方式。如果我們深入觀察樂團裡某位音樂家，一一記錄他的活動，最後便能得知他的一切，但對於整個旋律是如何構成的，我們還是一無所知。若想知道，就必須了解其他演奏者的樂器聲波與前者的樂器聲波如何疊加，以及這種疊加又是如何形成更高層次的東西，也就是音樂。

在其他科學領域裡我們同樣看得到這種更高層次的「質變」，例如在物理學上我們無法測得單一分子的溫度，但能測量其速率。此時空氣分子能以一千公里的時速撞擊我們的皮膚（由於單一空氣分子極小又極輕，因此我們毫無所覺）。但是，如果測量許多空氣分子的速率，求其統計結果，就能從所有空氣分子的速率分布推導出某個空間中的溫度，因為這個溫度正是來自所有空氣分子的速率。空氣分子的運動速率愈快，溫度就愈高；運動速率減緩，溫度就下降。在某個時間點似乎突破了某個界限，從單一分子的速率變成某種更廣泛的特質，也就是溫度。[1] 這個時間點我們能以數學馬克士威 - 波茲曼分布（Maxwell-Boltzmann-Verteilung）清楚解釋，這則公式說明的正是分子速率與溫度，二者間的

交互作用。

也許有人可以解釋人腦的馬克士威 - 波茲曼分布，或是存在著能說明如何從個別的腦細胞活動形成某種動能的數學或資訊學模型，而這種動能是我們從思維得知的。

可惜以目前的研究水準，我們並不知道世上是否存在這種思維的數學。如果有的話，這將會是「腦科學的聖杯」，找出這個聖杯，我們便能找到對人類智能的解釋。

腦中的樂團指揮？

讓我們再回到學習與思考：思維意念是神經細胞的互動。如果我請各位回想去年耶誕節的情景，那麼並不是你的腦部某處有一個耶誕節神經細胞開始活躍，進而喚起回憶。實際上是神經細胞進入某種狀態，也就是回憶的狀態。

以之前的管弦樂來形容就是：一首曲子不會儲存在某個地點，而是當音樂家演奏時，每次都重新形成。

再以管弦樂團為例：有了樂團裡的指揮，才能使樂團的各個組成部分在對的時間、以對的強度互動（也就是演奏音樂）。如果沒有指揮，演奏者就不知道何時該由誰接著起奏，這麼一來，音樂就會大亂；唯有指揮家才能控制亂象，重建秩序。

然而，從不同部分的聲響形成有秩序的構造，並不僅有一種方式。曾經聆賞過優秀演奏會的人，想必經歷過另一種情況：演奏結束，現場

響起如雷掌聲，音樂家在鼓掌的聽眾前鞠躬致謝，掌聲久久不歇，接著出現某種特別的情況：掌聲突然變得一致，突然無中生有（沒有帶頭鼓掌的人），形成井然有序的構造，也就是掌聲的節奏。

彼此同步活動，互相協調成節奏整齊劃一的神經細胞，情況非常類似。一旦這種情況夠密集，神經細胞的活動極有節奏且同步一致，我們甚至能測量它們的放電──將電極放在頭上加以測量。如此一來，完全不需要指揮者，神經網絡便能從混亂中形成某種秩序。對這種系統而言，「學習」便是適應重複出現的模式。

每次，神經細胞彼此都能配合得更好一些，真的在「練習」一種模式，以便在下一次運作得更良好。這種神經網絡的適應過程，我們稱之為「學習」。

勤奮練習的神經細胞

樂團若想演奏出悠揚的樂曲，便需勤練不輟，而且這種練習涵蓋兩個層面：一是每件樂器，二是整個樂團。首先，每位音樂家必須能掌握自己的樂器，否則就算和其他夥伴合奏，成果也不佳。另一方面，樂團音樂家彼此之間必須逐漸培養默契，而這時就少不了指揮家。

人腦之中同樣存在這兩種層面的學習行為：一是在神經細胞層級上的精細學習行為；一是在整體神經網絡的層級上，較大、有系統的學習行為。

神經細胞的學習行為必須迅速進行，因為我們接收到的刺激往往極

為短暫，這表示，神經細胞必須在幾秒鐘內對刺激做出反應、調適，並且將這種變化持久定著。例如碰到灼熱的爐板時，我們不該考慮太久，必須當機立斷，發現這樣很危險。反之，整個神經網絡改變結構的過程則緩慢得多，可能需要持續數小時、數日或數星期。這兩種層級的學習使我們能特別聰明地學習。

時間緊急時，我們能快速學習、迅速適應；若是為了作出長期決策而運用長久以前的記憶，則學得較慢且維持較久。

我們先來談談個別的神經細胞。神經細胞相對懶惰，甚至是人體中最懶惰的細胞。神經細胞終其一生不再分裂，也不再繁殖（除了少數例外），而且相當「厭世」。神經細胞必須不斷受到刺激活化才能存活，否則它們就會自殺。

其次，神經細胞並非單打獨鬥，它們總是打團體戰。為了彼此協同合作，會透過突觸（Synapse）相互連結。嗯，其實不是完全連結，因為每個突觸代表一個密切的聯絡處，神經細胞的突觸與另一個神經細胞極為接近，彼此間總是存在著極其微小的距離，這距離小到釋放出來的傳導物質能迅速抵達另一個神經細胞。特別的是，突觸並不單純只是連接某個神經細胞與另一個神經細胞的「接頭」，而是富有活力的構造。當神經細胞受到強烈刺激，例如受到其他神經細胞的電訊號（electrical signals）影響時，便會釋放傳導物質，經由突觸傳遞給下一個神經細胞。這種情況越頻繁，參與其中的兩個神經細胞便會彼此配合，於是突觸增大，釋放的傳導物質更多，而身為接受方的神經細胞也會改變構造，使傳導物質的傳遞每一次都能有些許改善。

反之亦然：如果神經突觸久久未經使用，就會像一座偏僻地區的火車站，不再有火車行駛，那麼也就沒有必要再去翻新、修繕，最終難免沒落的命運。生命就是如此，不需要的，便會離去。我們不妨想像另一種情況：如果你的腦子老是帶著一堆不用的神經細胞，這將會是多大的浪費呀！

在大眾科學中經常提到，學習時，自然而然會形成新的突觸。這種說法儘管沒錯，卻不盡然正確。至少同樣重要的是，腦細胞會萎縮或者突觸會死亡，這樣神經網絡才能有效率地（節省能源）運作。這種處理訊息的型態具有一項莫大的優點，神經網絡能完全自主地適應刺激，幾乎不需要有人指示它該怎麼做，就能自我訓練。這樣聽起來很棒，卻有以下三大缺點。

首先，這樣的學習系統非常緩慢，因為它倚賴大量重複，必須經常複習，神經細胞才有足夠的時間，能適應次數頻繁的重複。

其次，這樣的系統能完美適應某種學習過程——適應對它施以訓練的訊息，但也就僅此而已。

某個訊息對神經網絡的刺激越是密集，這個刺激就越能「烙印」在那裡；代價卻是學習新訊息會變得難上加難。在統計學上也見得到這種稱為「過度擬合」（overfitting）的現象：對某種數據或資料庫過度適應。[2] 簡單來說就是，我們越是密集學習某件事物，就越聚焦在小細節，反而見不到大整體，總有一天我們會很難學習新知識。擁有清掃煙囪三十年資歷的人若想改行學習當侍酒師，將會面臨極大的挑戰。這不只是因為年齡已長使學習變得吃力，更因為學習系統本來就喜歡蒐集特

定領域的專業知識。

　　最後，如此運作遲緩又過度擬合的神經網絡很容易崩潰。早在幾十年前，科學界便發現這種現象，並且稱之為「災難性遺忘」。[3]

災難性遺忘

　　試想，某個訊息（特定的刺激模式，例如黃瓜影像）不斷刺激神經網絡，於是神經細胞會認為：「哦，這個模式似乎很重要，我們的突觸必須彼此調適，使這個模式在下一次更容易受到激發。」換句話說，神經網絡學的是這個具體的模式。而如果神經細胞需要反覆練習，才能適應新刺激，那麼，光是這個步驟就非常費時耗力。我們必須觀看黃瓜數十遍，甚至數百、數千遍。

　　假設我們果真看了這麼多遍，而神經網絡在歷經多次的重複後也適應了黃瓜影像（亦即學習），這時突然出現另一個模式，例如一艘遊輪圖。遊輪和黃瓜差別不小，但二者之間仍有共通之處，比如黃瓜同樣是長條形，可漂浮在水面上。於是某些曾經因黃瓜模式而活化的神經細胞，現在同樣因為遊輪模式而活化。不久前，這些神經細胞才接受黃瓜模式訓練，現在則與遊輪模式連結，它們的突觸必須再次調適、反覆適應！神經細胞幾乎等於重新接受訓練，而在最糟糕的情況下甚至對遊輪過度調適，結果在神經細胞的突觸中，再也找不到之前辛苦訓練獲得的黃瓜模式。

　　換句話說，某件新資訊取代了舊資訊，於是神經網絡的優勢——相

同的神經細胞能執行截然不同的任務——在這裡就無法發揮，進而出現災難性遺忘。

　　為了避免災難性遺忘，神經網絡必須在穩定與可塑性之間求取平衡。如果可塑性太強，原有的記憶便會被新記憶取代而崩潰。反之，如果系統過度穩定，調適的速度就不夠快。因此，人腦必須具備策略。

1.2 人腦的學習系統

　　還記得在 1987 年九月某個陰暗的午後，我正坐在簇新的雅達利（Atari）1040 STF 前，我認為那是當時最棒的家用電腦。而後來微軟（Microsoft）的 Windows 作業系統稱霸個人電腦市場的所有配備：滑鼠、一百萬位元組儲存容量的硬碟、鍵盤、螢幕、文書處理器、圖像軟體等一應俱全，當然也少不了遊戲，好多好多的遊戲！在我這個學齡前小男孩眼中，這些遊戲自然都超棒的，有小精靈（Pac-Man）、回力鏢、棋戲等，其中在迷宮中沿路吞食小點點的小精靈好玩極了，更是我的最愛。

　　不知不覺中，我學會怎麼玩這款遊戲最理想。和其他遊戲相比，這款遊戲的任務相對平淡無奇，但仔細觀察，其實沒那麼簡單。首先，玩家必須學習其中的遊戲規則。當時我識字不多，也沒有人為我解說規則，所以只能靠自學；玩的次數越多，懂的就越多。另外，我還必須找出哪種遊戲策略能圓滿達成任務，畢竟玩家並不是讓遊戲角色在螢幕上漫無計畫地亂跑，應該盡可能有效率地以最短路徑吃掉小點點，同時避免被幽靈抓到。除此之外，我還必須訓練自己的手眼協調能力。換句話說，下意識中我學會了一種運動策略，在最短的時間內持續精進我的小

精靈遊戲技巧。起初，這個遊戲的基本等級對我來說難如登天，但幾天之後，在我不斷挑戰更高、更難的遊戲級別並成功闖關後，就變得易如反掌了。

學習顯然是持續不斷地進行，就算我們並非刻意學習也是如此。許多人認為，為了學習，必須打造適合學習的環境，讓我們能在其中高效地獲取知識。而教室內或訓練場所才是適合學習的地點，人們要麼坐在書桌前學習，要麼晚間撥出幾小時溫習。其實，人腦並不會區分學習時間和不學習時間；恰好相反，我們總是不斷獲取新知，將輸入的感官刺激分門別類，以便在下一次能處理得更好、更輕鬆。人腦總是不停在調適，但它是怎麼辦到的？

腦中的接待區

人腦利用神經網絡工作，為了避開系統本身既有的大缺點（例如災難性遺忘或僵化），大腦在學習時會採用一種巧妙手法：不立即吸收資訊，而是先經過一個中繼站。為了使新訊息能在腦中持久固化，這些訊息必須先通過接待廳，證明自己資格符合。

神經解剖學家自然不會使用「接待廳」這樣的說法，他們用的是「海馬迴」（Hippocampus）。這個稱呼聽起來更具科學味，而且提醒我們：這種腦部構造與長著蜷曲尾巴的海馬有點相似。

我們的左右腦半球分別擁有一個海馬迴，各約兩個指尖大小，坐擁約四千萬個神經細胞。[4] 人腦總共擁有八百億個神經細胞，相較之下，

海馬迴的神經細胞並不算多（還不到千分之一），但海馬迴的神經細胞坐鎮在重要位置，決定我們往後是否能回想起進入腦部的訊息。

在我居住的法蘭克福市有幾棟摩天辦公大樓，當中的高樓層聚集著辦公室和會議廳，前往的訪客必須先在入口處登記，再由接待人員打電話通知在辦公大樓裡的某位聯絡人接見。如果我直接進入大樓，就可能誤闖某一場我本不該出現的會議。人類腦中的空間區隔自然不像辦公大樓那樣一清二楚，但海馬迴的功能就類似辦公大樓的服務台：新訊息會先來到海馬迴，啟動相應的神經細胞活動模式，接著這些刺激模式會傳遞到大腦。

辦公大樓的服務台當然無法同時接待大量訪客，而且接待區的執行速度必須特別快，以免大樓入口大塞車。海馬迴的情況也類似，它的工作速度極快，但不特別持久，因為海馬迴並非腦部的記憶區，它的任務是迅速將資訊模式傳遞到大腦皮質，在那裡長期固化。

海馬迴接待過重要訊息後，真正的工作才展開，海馬迴必須訓練部分大腦皮質，使該處的神經網絡有充分機會調適自己的連接位置。海馬迴的工作迅速又短暫，大腦則緩慢又持久，因此進入長期記憶的訊息不會消失。

在睡眠中學習

某種程度上，海馬迴可說是大腦的記憶訓練師，但同時卻也是獲取新訊息的瓶頸。海馬迴的容量有限，必須確保它不會超過負荷，否則便

會像擠在入口處的人潮，出現資訊塞車的現象。想防止這種情形，接待廳可使用十字旋轉門、道路交通可規定雙向交互輪流行駛，而人腦則可……睡覺。

睡眠創造一種絕佳的低刺激環境，海馬迴可以不必面對新訊息，它也不會錯失這個良機，會「播放」白天最重要的訊息，[5] 將這些訊息以活動模式的型態不斷傳遞給大腦，直到大腦的神經細胞發現：「好傢伙，這似乎是非常重要的模式，我們最好調整連結，使這個模式在下一次更容易啟動。」就這樣，相形之下反應較遲緩的大腦開始學習。如此這般，最後大腦不再需要海馬迴就能完全自主地建構訊息模式，形成長期記憶。

經過一夜好眠，學習過的內容會比徹夜未眠時記得更牢，原因就在這裡。換句話說，背誦單字後立即小睡片刻，單字能記得更牢。這一點就算不是腦科學家也知道，早在九十多年前，人們尚未測試睡眠中的腦部活動時，就已經知道這個現象。[6]

如今人們認為，海馬迴與大腦在不同睡眠階段的均衡互動對學習至關重要。在深度睡眠期，海馬迴能特別密集地對大腦發揮作用，並複習白天的訊息。

反之，在快速眼動期，大腦會充分發揮自己的強項，連結新、舊活動模式，進而產生新的發想。[7] 這一點，我們從自身的經驗便輕易能觀察到：在我們試圖回想自己的夢境時，夢境內容往往是不久前與較久前的夢境混合體。

睡眠對學習至關重要，但這並不表示海馬迴在我們清醒時無所事

事。恰好相反，較新的研究顯示，海馬迴會立刻動起來，將活動模式傳遞給大腦，而非等待幾小時後才這麼做。[8] 問題是：海馬迴如何抉擇哪些訊息值得學習，哪些則是無關緊要，不需為此再度啟動大腦？如果針對每件訊息，海馬迴都啟動活化程序，這樣雖然我們不停在學習，卻會耗費過多能量。

正如同如果我經常出入同一棟辦公大樓拜訪，最後我就不需要在服務台登記詳細資料，因為那裡的人已經認得我了。久而久之，我只需打個招呼就能通行無阻，也知道該如何前往第六十層樓。

新訊息的通行證

在摩天大樓的接待區，訪客會逐一受到「處理」，也就是問候、登記及「轉送」。

海馬迴做的事極為類似，它會逐一處理訊息，至於接下來是否要將訊息傳遞到大腦，則是根據兩項標準：一，這個訊息與之前的是否不同？二，這個訊息是否新穎且出人意表？

如果某個刺激不同以往，就表示展開新的學習內容。這一點，在利用腦部掃描器觀察受試者接受學習任務時，我們甚至能從海馬迴的活動看出。（特別說明：我使用「腦部掃描器」這個有點特殊的說法，是為了避免每次都得寫上功能意味濃厚的「核磁共振儀」。二者的原理是共通的：人們躺在某個具有磁性的筒狀物，身體盡可能保持不動，之後我們可以利用這部儀器看到當受試者思考時，會有特別多的血液流向腦部

何處。而依據「哪裡多思考，哪裡就有較多血液流通」的原則，間接了解人腦是如何分配思考工作的。）

具體的作法是，先讓受試者觀看幾段短片，並立即記錄海馬迴的活動。然而，影響海馬迴是否活化的，並不是影片的內容，而是影片內容是否出現改變。[9] 彷彿海馬迴在訊息的結尾與開頭處分別放上「書籤」標示，而決定我們是否顯示學習興趣的主要依據則是「變化」。如果一切維持不變，我們就不需學習。

值得學習的訊息必須是新訊息，這時海馬迴才需要為大腦啟動整個**學習程序，**而大腦顯然也能通知海馬迴，某個訊息是否已處理過，因為海馬迴對長期記憶太過「短視」了。

或許某人在好多年前就已學過德國十六邦的名稱，這時大腦皮質便會通知海馬迴，以免海馬迴重新大費周章。[10] 這與辦公大樓服務台的情況極為類似，領導階層可能打電話到接待大廳，請他們將我快速放行，因為我已經來過這裡好幾次了。

會學習的機器

在此我們先作個初步結論：人腦在學習時會運用策略，活化兩種不同的學習系統：一種是快速的（海馬迴），這種快速系統會對緩慢的（大腦神經網絡）系統施以訓練，藉以避免進入的新訊息消滅舊訊息；而神經網絡也能有更多時間建構長期記憶，無需立即對每個訊息倉促做出反應（這是海馬迴的任務）。

這種學習原理具有一些莫大優勢，而這些優勢甚至能應用在人腦以外的領域。現代的電腦系統同樣依據極為相似的原理運作，人們在設計最早擁有學習能力的機器時，也面臨一樣的問題。

　　直到數年前，研究者複製了人腦的基本學習原理後，才出現重大突破：研究者在電腦上模擬海馬迴，並稱它為「回放緩衝區」（replay buffer）。身為神經科學家，我必須向資訊同仁承認，這個稱呼棒極了，因為它清楚說明海馬迴在做的事：海馬迴是一種緩衝器，目標在不斷播放暫存的訊息。

　　研究人員利用電腦遊戲，測試這種「自動學習演算法」的成果。這些當然不是隨意的遊戲，而是由雅達利開發的（個中緣由我非常了解，因為這些遊戲真的好玩極了）。他們建構出人工神經網絡，以非常簡化的型態模擬神經細胞之間的連結，再提供某種電腦遊戲（例如小精靈）給這個神經網絡玩，每玩一次，神經網絡便會獲得一次反饋。到此為止，人類也辦得到，但人工神經網絡不必休息，同一款電腦遊戲，它可以在數小時內玩上幾百萬遍，每玩一次，電腦上的模擬神經網絡便會調整自己的連結，不會犯下相同的錯誤。此外，人工神經網絡並非不停地玩新遊戲，它也會在「回放緩衝區」複習玩過的遊戲。如果是人腦，就是在睡眠中再次播放重要訊息。

　　在人工神經網絡中，我們稱這種過程為「經驗回放」（experience replay）。二者的原理相同：我們提供給神經網絡的訊息不可過量，否則就會出現災難性遺忘。

　　這種機器自主學習（又稱為非監督式學習）的技術還相當新穎，相

形之下，其成果就更加令人矚目。2015 年，最早的人工神經網絡在 49 項雅達利遊戲中，擊敗了人類玩家。[11] 一年後更在圍棋賽中出現轟動一時且大受媒體矚目的突破：某種機器學習網絡擊敗了世界圍棋名家。在此之前，這種網絡就已經獨自下了幾百萬遍的圍棋，研究人員還為它輸入人類的棋步。[12] 但這場勝利也持續不久。之後不到一年半，又有一種機器網絡甚至能完全自主學習：研究人員只是輸入遊戲規則的程式，接著便讓它和自己對弈將近五百萬盤。就這樣，三天不到，機器網絡的棋術便超越人類，並且勝過其他任何圍棋程式，[13] 人類對手更是早就望塵莫及。

總之，你想和機器進行的遊戲中取勝嗎？不可能！以今日的機器學習技術，無論是西洋棋、撲克牌、大富翁，任何一種遊戲都難不倒它，就連必須與其他玩家合作的協力遊戲也是一樣的。只要有充裕的訓練數據、不變的遊戲規則與遊戲條件，機器網絡都能勝任愉快。在由無數的數據資料與無數的演算能力構成的環境下，沒有什麼是這種電腦系統學不會的。

這個例子告訴我們，人腦的基本學習法多麼適合按照步驟處理訊息；甚至在完全不靠腦（也就是利用機器）的情況下，這種學習法也適用。這點顯示，這種學習法說不定是一種通則。換言之，訊息之所以先進入海馬迴暫存，接著才傳送到大腦，並不是因為人腦的構造本就如此，所以進入的訊息不得不遵守這種生理構造上的順序。真實情況很可能恰好相反：正因為對神經網絡而言，這是一種聰明的學習法，所以人腦才形成這樣的結構。至於這是否是唯一的學習法，則值得好好探討一

番。例如，章魚和墨魚等動物也具備相當優異的學習能力，但牠們不僅沒有海馬迴，甚至沒有我們所知的腦，但牠們卻擁有功能類似海馬迴與大腦的神經網絡。

由此看來，很可能條條道路通羅馬，其中人類的訊息處理方式已經相當不錯了，至少大腦非常擅長解決兩種學習上的基本問題：災難性遺忘以及神經網絡運作緩慢。儘管如此，人腦依然存在著對學習內容過度擬合的問題。

1.3 遺忘與偽造：學習的祕密武器

2015 年六月底，Google 出現一個嚴重的問題：軟體研發人員傑基‧阿爾西內（Jacky Alciné）將相簿裡的照片放上推特（Twitter），照片上可見高樓大廈、自行車、汽車和其友人。建構在機器學習系統上的 Google 圖片辨識軟體，為這些照片自動下了標記，高樓林立的風景標記為「摩天大樓」（skyscrapers），停車場上的汽車標記為「汽車」（cars），而他的友人則被標記為「大猩猩」（gorillas）。[14] 問題是，那張照片上不見任何大猩猩，只有傑基的朋友，而他們都是非裔美國人。這對超棒的 Google 人工智慧科技，當然帶來不好的觀感，因為這根本是數位版的種族主義。

這個電腦系統（無論是 Google、Facebook、亞馬遜〔Amazon〕或其他電腦系統），與人腦在學習時都必須面對的問題——「過度擬合」，也就是對某個資料庫過度調適。如果我們一直利用某個範圍狹小的資料庫學習，最後便會完全調適這個資料庫。可惜的是，也完全只針對這個資料庫，因此難以移轉。

資訊產業巨擘 Google 在收割機器學習領域的進步時（這一點 Google 實至名歸，光是在前面，我便引述了三項 Google 工程師的成

果），也越難以迴避它在圖像辨識上的「大猩猩問題」。三年後，Google 依然找不到解決方案，只能對自家軟體採用審查制度來應急，禁用「大猩猩」、「黑猩猩」與「猴子」等語詞。[15] 至於「狒狒」與「紅毛猩猩」倒是一直能正確下標記。

亞馬遜同樣難逃分類錯誤的劫數，2018 年中，亞馬遜的人臉辨識系統還將 28 名美國國會議員誤認為罪犯，原因是這些議員的照片與通緝犯照片相似度過高（這一次遭誤認的，同樣以黑人議員居多）。[16] 造成這種現象的原因相當多，其中之一便是機器學習採用的資料庫。正如這位電腦科學家所說：「垃圾進，垃圾出。」某個電腦系統如果以不充分的數據學習，得到的想當然耳是荒謬的結果。人臉辨識軟體，主要以中年美國白人男性的資料進行訓練，難怪當辨識對象膚色較黑，且為女性時，錯誤就越多。[17]

以自身為例，我同樣認為亞馬遜該負起責任：不久前我在網路上購買了五公升的機油，那是一次性消費，但從此以後我便不時遭到各種廣告轟炸，石油添加劑、汽車雨刷、跨接線和濾油器等，我把這種系統叫作過度擬合的系統。童裝的情況也極為類似，你只要購買過一次嬰兒尿片或 19 號大小的襪子，未來就算小朋友早已學會自己上廁所，產品推薦演算法仍然會持續向你熱情推薦尿片與童襪。這樣看來，人工智慧也沒有多聰明嘛！不久前，亞馬遜甚至向我推薦我的書。嘿，我自己的書我當然知道好！好吧，我承認，我幾乎每天都會上亞馬遜查看書銷售得如何。對亞馬遜而言，這一點就足以讓它斷定，我應該會購買自己的書——雖然我已登記為這本書的作者，亞馬遜應該認識我了。

也許你會說：「當然啦，機器很呆嘛，我就不會發生這種事。」你真的這麼確定嗎？人腦自然學得比機器系統好，但中歐人同樣不太會分辨亞洲人或黑皮膚非洲人的臉孔。非洲人看起來並非都一模一樣，只是多年來我們一直生活在中歐白人的環境中，特別適應這個「資料庫」，因此需要一些時間，才能準確辨識另一個文化圈的臉孔。

為了公平起見，我也必須說明，如今人臉（準確說來是「模式」）辨識系統，確實已經取得相當大的成就。現在的電腦系統，在辨識一張臉孔究竟屬於日本、韓國或中國人時，準確度已經倍增。[18] 原因之一是，該系統向人腦學了一些方法，因為電腦系統終於知道，應該避免對某個資料庫過度調適；而聰明遺忘則是一個神奇公式。

心智的祕密武器：遺忘

許多人認為，學習時要盡可能使許多資訊供我們長期運用。如果你已經讀完這本書，並且記住書中的字句，就不需要再讀第二遍，因為一切盡在你腦裡（但不清楚究竟在哪個確切位置）。這種想法其實不對，如果你執迷於細節，就會對資料庫（也就是本書的字句）過度擬合。而如果你習慣這麼做，首先你得記住許多東西（就生理而言，這件事是絕對有可能辦到的）；其次是你必須判別什麼是真正重要的（在資訊量大時，這一點就比較難了）；第三則是必須將這些資訊整合，以便在面對新情況時能夠運用（這一點幾乎辦不到）。過多的資訊會使心靈無法承受，換句話說，「如果我們什麼都收，就什麼都不理解。」（When we collect everything, we understand nothing.）這句話不是我說的，是出自愛德華・史諾登（Edward Snowden）之口，眾所皆知，他可是蒐集資訊的高手。

那麼該怎麼做，才能避免誤入過度擬合的陷阱呢？最聰明的辦法便是常說的「遺忘」，科學上的說法則是短期記憶。遺忘的正面效果在多樣而詭譎多變的環境中，尤其顯著。此時遺忘的優點在於，它能防止人們牢記特殊狀況，並將這些狀況視為常態。而遺忘也能形成具有調適能力的行為，否則總有一天我們的思考速度會變得緩慢。

因此好消息是：人類的遺忘能力堪稱世界冠軍。因為學習的關鍵不僅在多記；**要想學得好，更要在穩固的記憶與聰明的遺忘之間求取平衡**。有趣的是，這正是人們建構記憶時的作法。如果我們給受試者觀看一系列影片，請他們在一週後回想內容。這時，大部分的受試者會講述粗略的內容，只有少數會談到細節。[19] 畢竟記住一場網球賽的大致戰況及獲勝選手，要比記住對手穿了什麼衣服更有意義。有趣的是，如果向參與實驗者稍微提示一週前的影片內容，他們也能回想起某些細節。只需幾個提示，就能激發相當多的回憶。不過，只有在受試者腦海中已經掌握全面印象時，提示的效果才會特別好，才能為細節打好基礎。

周遭的世界越是多變，我們的遺忘能力便越加重要。當前的學習科學模型甚至認為，正由於學習系統也能遺忘，因此才擁有學習能力。人腦運用兩種不同的策略，以達到遺忘的目的：[20] 一是神經細胞之間的聯絡處並非穩定不變，而是能夠調適的。但唯有這些聯絡處能減弱甚至廢除，學習才能奏效。

其次，我們也能在神經網絡製造混亂，以遺忘記憶的內容。這一點和管弦樂團的情況相當類似：如果你突然抽掉兩支低音管、五把小提琴和四支喇叭，並加入四把電吉他、三架鋼琴與兩具打擊樂器，整個樂團就會大亂。原本演奏的樂曲無法如常演奏，取而代之的是陌生的新旋律。人腦中同樣有一區不斷有新樂器加入──抱歉，是新的神經細胞加入，這一區便是海馬迴。新的神經細胞當然會造成神經網絡大亂，促使海馬迴遺忘舊訊息。也因為這樣，我們的海馬迴才能如此迅速建構嶄新的記憶內容。

　　聽起來儘管矛盾，但人腦中新的神經細胞並不表示記憶的建構，恰好相反，新的神經細胞在遺忘舊有的記憶上，扮演著非常重要的角色，只有這樣，我們才能學習新事物。

學習的⋯⋯欸⋯⋯嗯⋯⋯那個上限

　　為了避免我們對某個資料庫過度擬合，遺忘是非常重要的。換個資訊科技味較淡的說法就是：避免人腦太過僵化。此外，遺忘還有另一項優點，能防止我們的學習系統有一天因為負荷過度而減慢下來。

　　有些人會把自己的電子信件分類，依寄件人、收件人或主題等分門別類，存放在不同的檔案夾，我自己則不用這種費時費工的分類法，而是把我的電子郵件毫無系統地存在我的電郵程式。等到需要某封信件時，我就使用搜尋功能。只不過，從 1997 年的第一封郵件至今，我幾乎沒有刪除過任何一封信，到目前為止，已經蒐集了數萬封信件，而我

也發現，搜尋需要的時間日漸增多。同樣的現象也可見於其他通訊軟體，比如想在落落長的 WhatsApp 聊天室尋找某個關鍵字，少不了得等上幾秒鐘。

這種事同樣可能發生在人腦。每個人幾乎都有過想說的話明明到了嘴邊，卻怎麼也想不起來的經驗：「在這部好萊塢電影裡跟艾瑪・史東（Emma Stone）演對手戲的男演員？嗯……他叫作……算了。」好萊塢演員的名字很快就能 Google 到，但換成是同事或熟人的姓名就沒這麼容易，於是乎，一個認知上的窘事就出現了。

當一個人的姓名已經在某人「嘴邊」時，這個姓名究竟在哪裡？為了尋找答案，科學家們在受試者試圖回想姓名或圖像時，觀察受試者的腦部活動。[21] 有趣的是，他們發現腦部的遺忘與「話到嘴邊」不同。遺忘某件事的人，雖然會活化大腦皮質的長期記憶區，但我們清楚知道，這是在做白工。「話到嘴邊」卻說不出來，我們其實知道答案，只是將它說出來的能力受到干擾，記憶本身（例如姓名）仍然保存在我們腦海中。這個現象真令人困擾，連蘇格拉底都說過：「我知道，我什麼都不知道。」這句話令我們稍感安心，因為「我明明知道，可是卻想不起來」的情況，糟到讓我們覺得自己像個笨蛋。

所以記得多的人，有時也需要較長的時間才能想起來。由此看來，「話到嘴邊」卻想不起來的現象，之所以會伴隨年齡增長而益發頻繁，原因之一或許就在這裡。年紀大、跨越半世紀的人閱歷也較豐富，多到需要較多的認知時間，以準確整合並回想起所需的資訊。反之，五歲小童則能輕鬆保留自己全部的記憶。這一點我們甚至能以理論模型加以驗

證：如果我們在某種人工神經網絡（例如在學習雅達利遊戲或人臉辨識時使用的電腦系統）上，模擬學習的過程，當必須處理的訊息越多時，系統便會變得越來越慢。[22] 這顯然是一個學習上的根本問題：知道的越多，活化知識所需的時間也越長。

解決這個問題的根本之道叫作「遺忘」，因為誰知道得較少，誰就能更快想起他所知道的。既然如此，我們能做的就是兩害相權取其輕，要麼是記不住，要麼是不再追求新知，除此之外我們別無選擇。聰明的大腦能迅速判別重要或不重要，並且只記住重要的。

遺忘並不是智力衰退的跡象——至少在我們還記得自己遺忘了什麼時。基本上，「遺忘」保護我們避免資訊過多、難以取捨，例如我連妹妹的電話號碼都不記得（它應該由我的智慧手機負責「儲存」），但我知道，什麼時候我該打電話給她。

學習意味著能運用知識，如果只是儲存，還遠遠不夠。但反過來推論，這也表示記憶並不可靠，我們不是什麼都記得住。更糟的是，我們還會扭曲、偽造它們。這是有道理的，因為如果不這樣，我們就無法調適新事物，換句話說，我們就無法學習。

離奇的供詞

1996 年 10 月 26 日，星期六，十四歲的達蕾兒・艾克絲娜（Darrelle Exner）準備返回位於加拿大里賈納市（Regina）的家中，卻再也沒有出現。警察在肯尼斯・帕頓（Kenneth Patton）的男子家中

發現她的屍體，但除了他之外，還有三名嫌疑犯，他們全都是死者的熟人。其中一人十七歲，他在經過幾小時的訊問後，承認自己將達蕾兒毆打致死。但供認犯行的不只他一人，道格拉斯‧費爾門（Douglas Firemoon）同樣供稱他刺死了這個女孩。不只這樣，另外還有第三份供詞，喬艾爾‧拉巴迪（Joel Labadie）也供稱他殺害了達蕾兒。一名受害人，卻同時有三人分別宣稱自己殺死了這個女孩？而且他們不是為了替誰頂罪，而是堅信自己就是凶手。這種事聽起來太矛盾了，真相是透過DNA檢測才發現的：三人中誰都不是凶手，真正的凶手是肯尼斯‧帕頓。[23] 光是達蕾兒是遭人勒死這一點（三名自稱犯案者都沒有提及），警方就該懷疑才對，但枯燥的證據哪比得過犯嫌活靈活現的供詞呢？

　　這種事一點也不稀奇，錯誤的證詞本就是造成錯誤判決的主要原因。光在美國，至今就有 102 人因為錯誤的供詞而遭到判刑，但後來的 DNA 檢測卻證明他們無罪。[24] 為什麼有些人會有這麼不合情理的舉動，不僅攬罪上身，甚至害自己被判死刑，真相他們自己不是應該很清楚嗎？答案是：因為他們並不清楚！理由在於，大腦在學習、以及後來再度激活記憶內容時，是怎麼運作的。

人腦的訊息更新

　　在這裡我們先進行一個小測試：請你回想第一次上學的情景。現在開始！

　　此時此刻，並不是在你腦中某處，關於第一次入學的記憶「被調

閱」出來——雖然口語上我們是這麼說的。更準確的說法是，神經細胞開始同步活動，形成某種與這個記憶相應的模式。就像在管弦樂團中，演奏家在某個特定時刻演奏樂曲，但無論他們演奏得多精準，都無法每一遍都演奏得一模一樣，每次總會出現些微差異。不只如此，演奏當下音樂就可能產生變化，進而影響下一回的演奏。

人腦的情況也類似，當某種記憶形成時，總是會與前一回有些許差異。今天我們回想初次上學的情形，會與八年前的記憶有別；而二十年後，我們對同一件事的記憶又會不同。此外，每當我們啟動記憶時，記憶就會發生變化。啟動的這一瞬間是個轉折點，這時記憶脆弱不穩定又容易受到外來影響。正因如此，人們在接受警方訊問時，可能會受到某個暗示性的問題誘導，而想出不實的記憶。

在神經科學中，這種現象稱為「重新整合」，也就是一種再確認。當神經細胞活化某個記憶時，便準備好要學習。這時神經細胞的突觸特別敏感，並且作好改變的準備。此時此刻，如果我們聽到來自外界的某個提示語詞，便會將這個語詞建構到記憶中，經過一段時間，舊記憶與新記憶便會結合在一起，於是我們就無法分辨事實與虛構了。

其中一個原因你在前幾頁已經讀過：在我們建構記憶（例如觀看短片）時，起先會以粗略的整體印象為依據，之後才注意到細節。但（而且這一點非常重要）如果我們得到提示，就能誘導出細節。那麼，如果有人在提示時動手腳，究竟會怎樣？如果有人給的提示是過去並未發生，但可能發生的，結果可能又如何？

曾經有人對博物館訪客做過這種調查。研究人員請參與調查者在參

觀美國東海岸一座自然博物館時，接受語音導覽。訪客戴上耳機，聽到每件陳列品介紹。兩天後，研究人員給他們觀看陳列品的照片，也就是重啟他們對博物館之行的記憶，但受試者並不知道，研究人員在照片上動了手腳，混入了一些根本沒有展示的收藏品照片給受試者看，利用記憶的敏感時刻來改造記憶。為了使這些蒙混進去的照片也能成為真正的記憶，研究人員等兩天後才詢問參訪者，他們見過了哪些收藏品，結果超過四分之一的受試者宣稱見過的收藏品，是他們在參觀時根本沒有展示的。[25]

我們如何忘卻恐懼

學習時，一旦活化了記憶，我們便會不斷在其中添加新內容、扭曲並偽造。乍看之下，這種現象實在令人膽顫心驚。我們似乎學得「太好」了，以至於無法確保學過的知識能長期在腦中維持原狀不變；如果運氣不好，甚至會遭受錯誤的提示誤導，形成錯誤的記憶。不過，重啟的記憶脆弱不穩的狀態也可能帶來良性結果。在所謂的暴露治療法（exposure therapy）上，最常利用這種現象治療恐懼與心理創傷。

例如，懼怕蜘蛛的人應該注視蜘蛛，甚至碰觸蜘蛛，進而更新訊息（也就是，蜘蛛根本沒那麼可怕），使他們對蜘蛛的負面情緒消失。不過，這麼做時必須注意兩件事：一，確保這麼做不會出事，所以在運用暴露治療法時，絕對不能使用憤怒的雪梨漏斗網蜘蛛（Sydney funnel-web spider）。其次則是注意時機點，因為只有在特定的時間範圍內，

記憶才能更新。

在歷經恐懼刺激後十分鐘，如果讓當事人再度面對蜘蛛，可以測出他們的恐懼反應下降了：核磁共振儀顯示，一般表現恐懼情緒的區域（即所謂的「杏仁核」〔Amygdala〕。杏仁核位在海馬迴旁，大小確實如同杏仁一般。）活動較少。這種效果並非短暫出現，而是持續數月之久。[26] 這一點證明，記憶確實能長期改變。反之，如果在當事人面對蜘蛛後六小時檢測，恐懼反應便不會出現變化。

此外，如果你深受令人不快的記憶內容所苦，科學家還有另一種解決方法：試試玩俄羅斯方塊（或其他需要用到空間視覺化能力的電腦遊戲）！有個實驗發現，受試者看過令人極度不快的影片內容（溺水、受傷或垂死的人）後，如果讓他們玩俄羅斯方塊，較能擺脫這些不舒服的記憶。而且相較於看過影片後沒有玩遊戲的對照組，玩過遊戲的人平日裡也較不會出現「瞬間重歷其境」（Flashback）的情形——腦中不會突然閃現事故畫面。[27] 因為，玩俄羅斯方塊需要動員精準的腦部空間協調活動。如果某個記憶在我們玩俄羅斯方塊時重啟，是無法與這種令人血脈賁張的電腦遊戲抗衡的，結果便是：對上述恐怖畫面的不穩定記憶會減弱。

結論：「學習」並非大腦完美儲存訊息，也不是鍛鍊強大的記憶力。然而許多坊間的學習技巧，正是以這種錯誤的想法為基礎，著重在最短的時間內，盡可能把最多的知識塞進腦海中，準備為之後的考試應戰（在下一章我們會深入探討），但我們不該將反覆練習或訓練與學習混淆。透過不斷練習來學習的人，將來頂多能將這些知識準確無誤地予

以重現。

　　問題是，無論我們如何辛苦練習，凡是枯燥乏味的知識、數據，我們大多記不住，因為**人類記憶的作用不在重現過去，而是當下為未來作出理想的抉擇**。這表示，我們會遺忘、生疏、扭曲與偽造，而且這些都是必要的，這樣我們才能運用自己所學所知。反之，如果一味準確無誤地回顧，也許會看不見未來必須面對的事。這種人可以精準重現過去，但若想創造有用的事物，則需要更多的能力。

學習技巧大檢驗

　　若想搜尋關於某個主題的訊息，我們會怎麼做？當然是 Google 啦！我也曾利用 Google 送出「學習如何學習」這個問題，很快跳出許多特別有趣的網頁資料，像是：測試個人的學習類型。於是，向來好奇的我點擊試題一一作答，想知道我究竟是用寫還是用說的記得較牢，或者偏好畫出示意圖。[28] 一分多鐘後，我便知道自己屬於「溝通學習型」，愛說話，而且在向他人解釋時，自己也學得最好。好吧，這已經不是什麼新聞了，只要問問我周圍的人，就知道沒有人不曾被我的語言攻勢騷擾過。而在向他人說明時，我自己也學得最好，這正是我寫這本書的理由之一。

　　測試學習類型，這種方法易懂又好記。這種測試的假設基礎是，只要選對學習方法，我們就能以特別高效的方式刺激腦部。畢竟對於如何接收訊息，每個人都有自己的偏好：有人喜歡閱讀，有人喜歡聽有聲書，有人喜歡口述，也有人喜歡畫一些簡潔明晰的圖。既然如此，若說多採用符合自己學習偏好（視覺、聽覺、溝通或觸覺）的方法，就能學得越好，豈不是理所當然的道理？

　　不過，「學習如何學習」這件事並沒有這麼簡單。依據個人的學習

風格來學習，就如同每次都吃自己愛吃的食物。舉例來說，我愛吃漢堡、披薩和薯條，那麼我個人的飲食風格便是「高油脂速食」。根據學習風格的論點，我就該每次都吃披薩和漢堡，因為這樣最適合我。但我不敢想像吃上一年的披薩，我會變成什麼模樣：無論騎上多久的公路自由車，我的新陳代謝都不會太開心。相反的作法反而好多了：如果知道自己偏好哪些食物，我就該改吃其他食物，盡可能讓自己的飲食多樣化。由此可見，學習風格理論的基本論點已經大有問題。

在精神「食糧」上，多方攝取不同資訊也非常重要。如果我們提供受試者不同型態（圖像、文字、朗讀內容等）的訊息，或是讓他們自己處理這些訊息內容，那麼受試者究竟是偏好圖像的視覺型，或是偏好聽取訊息的聽覺型等，對結果並沒有影響。[29]

這種學習類型的迷思，雖然在科學上早已遭到駁斥，但這種教學法的不死之身，卻依然在教育界屹立不搖。2012 年，針對教師所做的一項調查中，有 95％的英國與荷蘭教師相信這種學習類型謬論。[30] 而就算有關於學習的神經科學基礎知識支持，結果也沒有改善。在五年後進行的一項研究中，受訪的神經科學專家中，還是有四分之三表示，如果以符合個人學習風格的方式提供他們訊息，他們的學習效果會更好。[31]

這也難怪，因為依照學習類型學習，非常符合我們對改善學習效果的追求：迅速、高效又量身打造。一說到具體的學習技巧，這種方法便會一再出現——以最短的時間，盡可能在腦中記住最多訊息為目標；方法則是：不斷重複且一再練習，因為這正是神經網絡在適應訊息時所需要的。至於具體的建議則從閃卡（flash card）、摘要、記憶口訣到簡單

的示意圖都有。2018 年底，有一項針對荷蘭大學生進行的研究，得到類似結果：這些學生最喜愛的學習法中，高踞前幾名的有「寫摘要」、「心智圖」、「一再複習」，但也包括「自問自答與自我測驗」。[32]

這些技巧廣受歡迎，因此值得我們進一步檢視，同時是為了避免落入陷阱，因為光是在德國，每年花在補習上的金額就高達九億歐元。[33]準備考試的課程，全球市場的價值估計逼近一千億美元，七年後更將成長到一千七百億美元。[34] 我們不妨作個比較：這個數字高於全球電腦遊戲年營收的一半[35]，而且幾乎占全球每年美容產品花費的四分之一。[36]由此看來，人們對事情的優先順序非常清楚——漂亮的人哪需要博學多聞呢？

學習技巧大檢驗：反覆練習法

想擠進美國的菁英大學並不容易，首先你必須證明自己具備優秀的能力。比起瑞典、丹麥或德國等較小的國家，美國的學校體系相對紊亂，人們永遠搞不清楚內布拉斯加州的中學是否跟紐約州的一樣好，因此為了獲得大學錄取，必須先參加一種性向測驗，也就是所謂的「SAT測驗」（scholastic assessment test），針對數學及各種學術主題進行檢測，為時三小時，滿分為 1600 分。成績在 1400 分以上者，表示表現優於 94％ 的考生，有機會申請頂尖大學。加上這項測驗往往決定了學生未來的就業狀況是喜是憂，怪不得人人都為了準備考試而拚命苦讀。有人曾經針對成績優良的考生（SAT 成績 1400 分以上）採用的學習策略

進行調查，結果令人跌破眼鏡。前四名最常使用的學習法是：反覆閱讀相關材料、多作練習題、利用閃卡練習或是動手作筆記。[37] 在被問到，讀完一篇學習文章後，他們會怎麼做時？有半數以上的學生表示，他們會把同一篇文章再讀一遍。老實說，這並不是什麼新穎的學習法。

儘管方法不新，反覆閱讀這種學習法卻極為盛行。第一，它不需要花什麼錢；第二，這個辦法也很符合人腦的工作方式。如果神經網絡確實需要一再重複才能適應它們的突觸，那麼我們自然就該反覆溫習學習內容，直到這些內容「烙印」到腦海中。

如果目標在盡可能完美無誤地背誦文章，反覆閱讀的效果確實相當卓著。在一場實驗中，研究人員請受試者先閱讀兩篇知識性文章（一篇說明皮革的製造方式，一篇則是簡短介紹澳洲的歷史，兩篇文章加起來，篇幅還不到本書的這個章節）。十分鐘後再給受試者看同樣兩篇文章，但這次每十個字便刪去一個字，結果受試者在這次的填空測試中，連五分之一的缺漏字都想不起來。不過，如果讓他們接連四次閱讀這兩篇，結果就大不相同：受試者能想起一半的缺漏字。或許你會說，「多多益善」本來就不是什麼新道理。你說得沒錯，因為這是五十多年前的實驗。[38]

但我們也不該高估這種機械性反覆閱讀的效果。反覆閱讀法中很重要的一點往往遭人低估，就是「時間」因素。神經網絡需要一段時間，才能適應某個刺激。你不妨想像，有一小群神經細胞因為受到某個訊息刺激而活躍，它們開始啟動整個改造計畫，使神經網絡進行調適，讓這個刺激在下一次能更有效地透過神經網絡傳導。這個過程需要一點時

間，因此中間必須稍事休息。這就如同運動員，不斷地練習並無法提升表現，每次訓練過後，他們的體力都會比訓練前虛弱；但如果在訓練刺激後適當休息，身體就有足夠的時間適應。

　　適時的休息決定了反覆練習的結果是無效或是持久，只在目標是取得短暫成果時，反覆學習（例如閱讀）才有幫助。研究人員利用一項極為類似的實驗進行研究：他們先請受試者閱讀一篇關於二氧化碳如何儲存的科學短文，其中一組在閱讀一遍後可立即讀第二遍，另一組受試者則必須等待一週後才閱讀第二遍。之後進行二種測試：一是在閱讀第二遍後直接測試，另一則是在閱讀第二遍後隔兩天才測試，請他們寫下記得的內容。結果令人意外：如果是在閱讀第二遍後直接測試，則以中間沒有間隔一星期的那一組表現較佳。但如果是兩天後才進行測試，則以兩次閱讀之間隔了一週的那一組表現較佳。[39]

　　因此，純粹就生理條件而言，考試前一天再次密集複習學習內容是可行的。在此我為大家提供一個好用的建議：如果是為了隔天而記憶，不妨在上床前把學習內容看過一遍；等到刷好牙、準備睡覺時，再花個五分鐘把還沒記住的內容讀上一遍，隨即上床睡覺！這麼做的話，海馬迴會在夜間特別密集練習，記得較牢。當你遇到必須學習又記不住內容時，不妨使用這種腦力硬招。

　　由此看來，反覆練習絕對是一種可行的辦法，這種技巧對短期需求具有正面功效。但與此同時，我們也必須付出代價：可能會高估自己的學習成效。如果我們把學習內容多讀幾遍，在第一遍時，一切都還新鮮又陌生；到了第二遍時，我們已經讀過一遍，自然看得較快；第三遍

時，學習內容我們已經大致記得，繼續閱讀並且證實自己的預期：我們讀到的果然與記得的一致。太棒了！我們心裡這麼想著，同時告訴自己：已經把內容都記起來了。

而在實驗室中探討反覆練習的學習成效時，結果也正是如此。其中一組把文章連續讀過四遍；另一組只讀一遍，但隨即連續作三次筆記。在這個過程剛結束時，連讀四遍的那一組對學習成果的自我評估高於筆記組。然而，一個星期過後，結果卻大大出人意表：在一場測試中，所有參與者必須寫下他們記得的內容，而這一次，反覆閱讀組雖然自認為記得較多，表現卻輸給筆記組。[40]

結論：如果隔天有重要的考試，就請多加複習吧！但如果你能在學習時為自己的腦提供援助，例如做摘要等，便能收割更好的學習成效。

學習技巧大檢驗：做摘要

最近搬家，無意中我挖出上大學時，為了準備生物化學考試而準備的資料。看著當時製作的筆記，我大有資格宣稱：為了考試，做筆記是我偏愛的學習方法。我真的把教科書和老師的授課內容寫成 248 頁的摘要，而且字體很小很小，但這顯然是我邁向成功的金鑰。因為，做筆記的方法是否奏效，也取決於究竟是手寫還是電腦打字。

想把聽到的內容用鍵盤打下來的人，會想要逐字逐句地照打。想邊思考邊打字做筆記是行不通的，因為思考需要時間。而研究顯示，被要求用鍵盤打字，記錄下聽講內容的人，寫得雖多、記住的卻沒那麼多。

相形之下，手寫記錄的人則有另一個問題：寫得太慢。因此，手寫筆記者不會逐字逐句照抄，他們只會寫出重點，如此一來，他們就必須跟著思考，在寫的當下，便已消化過資訊內容，並創造成屬於自己的模式。其中特別聰明的人，還會另外添加一些精彩的關聯、箭頭和線條，在紙上完成心智圖。正因這樣，手寫摘要的受試者在隨後的記憶測試中，表現也比用電腦做筆記的人要好。[41] 即使事先要求使用電腦者不要完全照抄，只需打出重點，他們記住的內容還是少於手寫組。

電腦的愛用者可能會說：好吧，那我用筆寫在手寫板上，應該就和寫在紙上一樣了吧。小心，因為書寫時，我們同時會記住周遭的空間結構，就好像在閱讀紙本書時，通常也會記住什麼內容在哪個位置，例如是在前面或後面的左下方，而這一點也有助於我們記住內容。換成是手寫板則空間結構沒有變化，因此要記住螢幕上的文章就比記住紙本的還難。如果你希望好好記住這本實用書的內容，就請閱讀紙本。電子書雖然輕便，而且能同時儲存上百本書，但我建議，這只在你想迅速翻閱長篇小說或犯罪小說時才用。

由此可知，觸覺與空間感受也有影響。自己製作摘要具有優勢，是因為我們不僅被動地消費訊息，更主動去探究。我們必須思考哪些是重要的，以及這些訊息可以結合哪些既有訊息。

不過，實驗發現，做摘要時人們也可能犯錯：研究人員請受試者閱讀一篇關於人類演化的文章後，寫下自己的小抄。結果他們並未仔細思考內容該如何安排，沒有寫出概要，而是盡可能抄得又多又詳細。這種摘要成效不彰，就跟不做摘要，直接把文章再讀過一遍，或是利用預先

製作好的學習卡一樣。[42]

　　由此看來，手抄筆記的目的不是盡可能逐字逐句照抄聽到或讀到的內容，而是**做筆記的當下便開始處理訊息**，從而整合新、舊資訊。不僅能重啟既有的記憶內容，同時能處理、改變並予以結合。你還記得在這一章所談的「遺忘與偽造」嗎？這些現象有時會導致我們的記憶出現驚人的誤差，但在此處，這卻是一大優點。此時我們重新找出儲存在記憶中的訊息，這些訊息轉為不穩定狀態，而我們藉機補充新訊息或其他觀點，釋放出更新的訊息，再次在神經網絡中獲得鞏固。

　　因此，製作筆記對學習絕對大有助益，但要做出好摘要是需要時間的。這樣豈不是會喪失寶貴的學習時間嗎？為了了解這個問題，研究人員先請受試者閱讀有關海獺或太陽的文章，接著一組受試者可以在白紙上做筆記；另一組則是立刻再讀一遍。複習與摘要對抗，究竟哪一種較佳？答案是，要視情況而定：如果重讀一遍或製作摘要後五分鐘測試，則複習法表現較佳，受試者對文章的細節也記得特別牢。但如果是兩天、甚至一星期後測試，則以另一組，也就是只讀過一遍，接著針對內容做筆記的那一組表現較佳。[43]

　　結論：寫筆記和做摘要學習速度雖然較慢，但訊息在腦海中駐留的時間卻較持久。前提是，必須用手寫，並且避免逐字逐句照抄。

學習技巧大檢驗：記憶口訣與視覺化

　　現在你已經知道了一些改善學習效果的技巧，接著就來進行一個小

測驗。請你把下面的字母背起來：

NRTTILELHKNE1KPAECINE

「哇！」你會說，這未免太難了。字母這麼多，一不小心就亂掉了。那麼，如果將這些字母的位置調換一下呢？

KAPITEL 1 LERNTECHNIKEN（德文：第一章學習策略）

這麼一來，訊息量雖然不變，卻好記多了。

這也是許多幫助記憶的口訣及其他類似記憶法彼此共通的原則：將個別的、零散的訊息組成較大的認知單位，這在科學上稱為「意元」（chunk，意思是大塊、厚片、大段），一個大單位的訊息要比許多零碎的細節好記多了。而在上述例子裡，你有兩種選擇：硬背 21 個字母，或是記三個單位，而這三個單位分別由 7 個、1 個與 13 個字母組成。後者要簡單多了，因為我們記的不是個別字母，而是訊息單位。人類的記憶能力相當有限，像「NRTTILELHKNE1KPAECINE」這樣一排字母，我們的記憶上限在 5 到 10 個字母之間，如果沒有運用「意元」技巧，日常中，我們的記憶能力就會處處碰壁。

決定我們能同時處理多少訊息、符號或訊息單位的腦部區位，在於額頭的正後方，負責使外部刺激不致超載。因此，每當進來一個新訊息刺激，就必須有一個舊訊息退位，而以 6 個左右的訊息單位為上限，顯

然是個極佳的妥協。這樣一來，訊息單位不會太少，還足夠我們進行思考；但也不會太多，多到使我們找不到要點。

　　既然如此，為何有些人不只記得住 8 個數字，甚至能記住上百多個呢？ 2018 年數字記憶賽的世界冠軍，成績是驚人的 608 個數字，由十四歲的中國女孩魏欽如在「快速數字記憶」（Speed Number）項目中奪得。她只花五分鐘就記住這串數字，難怪能勇奪記憶競賽的世界冠軍。[44] 但就算是這樣的記憶健將，也無法以數字原貌記住 600 個數字，他們會運用一種早在古希臘、羅馬時代便已使用的記憶法：位置記憶術（Method of loci）或是其修訂版。

　　古羅馬的演說家同樣必須熟記眾多內容，因為當時既沒有紙，也沒有手寫板可供寫下演說內容。於是，古羅馬的政治家便應用一種技巧，將重要的演說內容連結一處熟悉場所（例如家中）的巡遊，畢竟每個人對自己家中環境都極為熟悉。舉例來說，如果是關於增稅、廢水處理系統與軍備的演講，演說者就在腦海中進行一趟心像之旅：從代表賦稅、放置許多帳單的書桌開始，經過排水管阻塞的廁所，再到有人看守且上了鎖的家中大門。腦海中的圖像越離奇，就記得越牢。

　　當我們將數字或文字轉化成圖像時，動用的不僅是純粹處理文字意義的腦區，也會動用到反映空間結構的腦區。[45] 這種技巧如果訓練得宜，形成的心靈圖像就會逐漸內化，而海馬迴（新訊息的接待大廳）也會與另一個腦區——基底核（Basal ganglia）連結得更為緊密。基底核位在人腦中央深處，負責所有自動化的過程。

　　檢查經常運用記憶術的人的大腦（例如記憶健將）便可發現，他們

的腦部確實出現了器質性變化：在他們的海馬迴中，負責空間處理的腦區與負責自動思考程序的區域，彼此的連結特別緊密。[46] 在記誦一長串的數字時，這些人見到的並不是一個又一個的數字，而是立即在腦海中見到整個圖像與故事。

　　人腦建構化繁為簡與記憶口訣的速度極快，這肯定會增加科學家進行研究時的難度。我曾經進行一場學習實驗，想了解一般人記誦任意創造的語詞時，記憶能力如何。我請受試者戴上眼鏡在某個虛擬空間中走動。這個空間中的日常用品都是以任意創造的語詞標示，例如望遠鏡（Fernglas）不叫望遠鏡，而是「Bistnar」，筷子（Essstäbchen）叫作「Reifernülle」，而德國結麵包（Brezel）則叫作「Prowjen」。我的目的在了解，當物體出現在有理可循的場所時（例如書〔Buch〕，抱歉，應該說是「Trun」擺放在書架上，而不是房間的其他地點），人們是否也記得較好（編按：此處均提供德文原名）。結果某些受試者注意的不是這個空間，他們立刻編出各種記憶口訣，幫助自己記住這些任意創造的語詞。代替「望遠鏡」的「Bistnar」我大概可以理解（「Bistnar」聽起來像「bist nah」〔是近的〕）；代替德國結麵包的「Prowjen」我也能理解（發音聽起來有點像「Proviant」〔口糧〕）。不過，某些連結則相隔甚遠，例如筷子叫「Reifernülle」，因為這個字裡面的「ll」看起來像筷子。幾次下來，我不得不中斷這個實驗，讓這些自創字「適合記憶口訣」，最後望遠鏡成了「Jäffe」，德國結麵包是「Trowjen」，至於筷子呢，則就此消失不見。

　　若想記住簡單的訊息，這種技巧確實有其優點，但如果學習內容範

圍廣泛，例如學外語，這些技巧不但很快便使不上力，甚至會拉低學習成效。在背誦單字時，記憶術確實能發揮短暫效果，但一個星期過後，這種功效就蕩然無存了。[47]

在實驗室的試驗中，傳統的反覆練習法成效，甚至比我們認為簡單好記的口訣更勝一籌。其中一個原因或許是，記憶口訣本身沒什麼邏輯，每次都必須重新學習。由此看來，記憶口訣比較像是學習上的權宜之計。在背誦單字時，我們絕對可以思考其中的連結，幫助我們記憶。但若想學會某種語言，就絕對不能光靠記憶口訣了。

學習技巧大檢驗：畫出示意圖

你還記得前述「人腦的學習系統」嗎？當然記得，因為你的海馬迴已經執行所有任務：當時我們說明了海馬迴，以及海馬迴如何使新訊息固著在腦部。現在請你想像，你可以用兩種方式吸收這些知識。

方法一：用文字

新訊息會在海馬迴產生神經細胞間的某種活動模式，再由海馬迴將模式不斷傳遞到大腦，同時活化大腦的神經細胞。這些細胞則逐漸調整彼此的接觸，使相同的刺激模式變得更容易激發，最後不再需要海馬迴，就能啟動大腦中的這些訊息。因為，現在的工作已經改由大腦的神經細胞執行，這也表示，我們已經將訊息學起來，於是海馬迴裡的活動

模式消失，而海馬迴的神經細胞也不斷被新的細胞取代，因此能持續維持調適新訊息的能力。

方法二：用示意圖

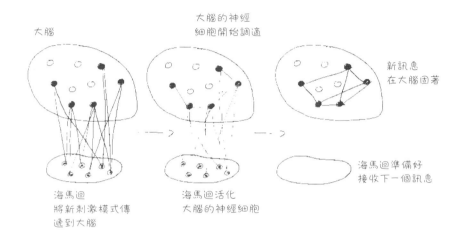

大腦

大腦的神經
細胞開始調適

新訊息
在大腦固著

海馬迴
將新刺激模式傳
遞到大腦

海馬迴活化
大腦的神經細胞

海馬迴準備好
接收下一個訊息

　　你偏好何種方式？一般人通常偏好示意圖，因為看示意圖不必閱讀那麼多文字。如果說「一張圖勝過千言」，那麼，上面這三張圖就抵得過三千字，相當於本書探討海馬迴的章節篇幅了。從口訣記憶術的章節我們得知，人腦處理圖像的方式，遠比處理純粹的文字全面多了。不僅如此，每個字都會在人腦中迅速轉譯為圖像，因為我們並非以文字或語言，而是以模式、關聯與圖像式概念進行思考。如果上述說法正確，那麼我們大可刪除本書中說明海馬迴的章節了。然而，這種說法對嗎？示

意圖真的勝過純粹的文字？

乍看之下確實如此，因為示意圖具有科學上所稱的「雙重編碼」（dual coding）的效應。利用兩種管道學習，也就是既讀文字又看示意圖的人會記得較牢，因為相同的訊息內容能透過不同管道在腦中固著。所以，對於學習示意圖確實能發揮它的優勢。例如給受試者閱讀一篇知識性文章，他們可以做書面摘要，或是自己畫出示意圖，那麼自己畫示意圖的人記住的內容較多 [48]；而且就算只是看別人畫好的示意圖，記住的內容同樣較多。由此看來，重點是在腦海中形成圖像。也難怪如此，畢竟人腦中約有四分之一只負責處理圖像。那麼，學習時如果我們不停地畫圖，就能省掉反覆練習與做摘要的功夫嗎？小心！示意圖存在著兩大問題。

問題一：為了確保示意圖能發揮效果，必須盡可能將多的訊息整合起來。如果內容是自然科學現象，相形之下這種方法還不錯。但如果主題是哲學或其他人文科學，這種技巧很快就應付不來。例如想把康德（Immanuel Kant）「定言令式」（編按：康德在 1785 年出版《道德形上學的基礎》一書中，所提出的哲學概念）基本原理轉化為圖像，就會變得相當複雜。就算真的這麼做，往往只能畫出附上各種概念、隨意並列的方框。畢竟原本就沒有圖像的，再怎麼樣也逼不出圖像來。[49]

問題二：示意圖很容易對心智造成過度供給，這是在同時啟動好幾個感官通道時，普遍會出現的問題。凡是聽過差勁的 PowerPoint 簡報者都有過這種經驗，而最令人難受的是，報告者所說的內容和螢幕上顯示的不一致，而把人搞混：到底該聽報告者說的話，還是看螢幕上的說

明？聽眾的注意力游移不定，而大腦也必須不斷思索：說的內容？寫的文字？還是圖表？結果我們吸收到的，反而比光靠聆聽還更少。

　　至於示意圖是否有效，主要在於這些圖像是否能在腦子裡主動形成，即使我們沒有畫圖，只是在腦海中想像，便能對學習帶來正面效果，而且（儘管聽來矛盾）效果甚至更好。在一項針對此進行的實驗中，一組受試者閱讀一篇科學文章，同時在腦海裡想像文章內容的圖示。另一組閱讀同樣的文章，並且將他們腦海中想像的示意圖畫在紙上。結果令人跌破眼鏡：僅在腦中想像示意圖的那一組，在隨後的知識測驗中表現甚至略佳。[50]

學習技巧大檢驗：自我測驗

　　學習的終點線是考試，考試決定我們之前學得好不好。如果採用了天底下最棒的學習技巧，卻在考試中慘遭滑鐵盧，這樣又有什麼用呢？考試總是與壓力與失敗的恐懼相連結，只有少數中的少數人真心喜歡考試，但也只有這少數中的少數知道，考試對學習具有極為正面的效果。在「神經性暴食學習法」（譯按：指在短時間內死記硬背公式、事況、知識等而不求理解）盛行全球的今日，這種觀點或許令人難以置信，因為經歷過一場考試後，我們往往覺得自己被掏空了。

　　但事實恰好相反，至少在我們解除考試的壓力環境，將它作為主動學習的技巧時是如此。舉一個簡單的例子：如果你必須背誦一長串的生詞，你會怎麼做？比如必須背誦十種類型的六十個單字，像是水果（蘋

果、梨子、奇異果、草莓、桃子、鳳梨）、氣候現象（風暴、冰雹、暴風雨、陽光、雪、雨）或運輸工具（汽車、公車、潛水艇、滑板、飛艇、三輪車）等。這麼多單字你可以一看再看、一寫再寫，也可以利用記憶口訣或畫出示意圖整理。或者，你可以將這些單字讀過一遍，試著背起來，再測試看看。換句話說，就是自我測驗。

曾經有人在實驗室進行過非常類似的試驗：首先，受試者只能看一遍一長串的語詞，接著接受語詞內容的考問（也就是測驗），結果「實驗組」只記得 72％的語詞。控制組在看過一遍後可再看一次，也就是第二遍時所有的語詞全都再看一次。結果後來的記憶測驗中，作過自我測驗的那一組，表現仍然優於複習組。有趣的是，在模擬測驗中，無論是寫下語詞，或者只是在腦海中想像，二者的效果差別不大：利用測驗雖然只記住 72％的內容，效果還是優於百分百再看過一遍。[51]

相較於其他學習法，自我測驗的優勢在於，我們必須不斷重啟知識。至於這種重啟究竟是否導向正確的記憶，一開始並不那麼重要。關鍵在於，這些訊息被轉化為不穩定、能加以改變的記憶狀態。我們已經知道，在這種緊急狀態下，記憶內容是可以重塑的：可以扭曲（並形成錯誤的記憶）、可以消除（從而去除恐懼），也能加以鞏固。重要的是，在自己考問自己時，也必須看到正確答案。閃卡與其他學習技巧之所以能發揮作用，正是基於這個道理。原因不在於我們反覆練習（乍看之下理由似乎如此），在於每一次我們都提取舊記憶，將它們轉化為不穩定狀態，鞏固，再送回記憶裡。

理想的學習途徑

如果我們相互比較現今流行的學習技巧，就會發現它們都有一個共通點：精確利用人腦處理訊息並將訊息固著的方法。如同我們介紹過的，如果神經網絡有許多方式調適某個進入的刺激，則前述的處理、定著過程是逐步進行的。以下說明的學習技巧，依其等級越來越深入人腦的學習過程。

第一級：經常複習，自然是利用訊息鍛鍊腦力最簡單的辦法，在即將面對考試時，這個辦法也能發揮效果。

第二級：做摘要。不僅有助於複習訊息，也能即時處理訊息。如果將動手做筆記與反覆練習法並用，能帶來較持久的學習效果。

第三級：記憶口訣與記憶術。為人腦中的連結過程提供更具體的協助，形成圖像與故事，能更全面活化腦部，連較不容易吸收的訊息也能記得住（但僅此而已）。

第四級：示意圖。能精進記憶口訣學習法，並且具備另一項優點：不僅能處理個別的訊息（例如單字），也能處理整體的關聯。若想獲得最佳效果，除了參考別人製作的圖，如果能親手繪製示意圖，那麼效果會更好。

第五級：經常自我測驗，便能動用人腦效率最佳的學習方式。我們重啟某個記憶，使它進入不穩定狀態（因為不清楚自己的答案對不對）。在這種狀態下，我們可以確認或溫習（核對答案），之後讓這個訊息更牢固地「沉回」記憶裡。

在這裡，我們的目的不在向各位詳細介紹各種學習技巧，而是希望大家能了解這些方法背後的基本原理。這些學習技巧在在顯示，關鍵在於先妥善處理訊息，接著適當時機從腦中重啟。世上因人而異的學習方法百百種，光是針對這些方法進行科學分析，就是一樁艱鉅又龐大的任務。因此，2016 年進行了一項全面性研究，針對一千三百多萬名受試者、完成 18,956 件個別研究。結果顯示：書中介紹的學習方法，以「編記憶口訣」、「做摘要」及「製作一覽表」等成效最為卓著[52]，其中又以將新舊資訊連結起來的學習法（例如自我測驗）效果最佳。無論有多少現代又新穎的學習法問世，它們都只是這個基本法則的進化版。因此，我們也可以稱這個基本法則為「傳統型學習」，也就是如何接受、處理並鞏固訊息，以便在考試時運用的基本方法。

有趣的是，幾乎所有關於學習主題的科學研究，最後都會進行測驗或考試，以便了解學習成效。畢竟，學習很少是沒有目的的，絕大多數的學習，最終目標都在通過考試。對此，傳統型學習確實能提供良好的協助。如果你受到這些技巧啟發，肯定能在畢業考取得較理想的成績。關於這些主題，我們可以找到大量的書籍、網頁及課程，它們也都各有依據。然而，這種方式的學習絲毫沒有傲人之處，因為無論你的學習效率多高，依然不代表你理解其中的道理；而**理解遠比學習重要得多**。

理解

2.1 僅有學習還不夠

　　2011 年 2 月 16 日，星期三，展開了人類與機器終極知識對決的關鍵戰役。一方是曾在《危險境界》（*Jeopardy!*）益智搶答競賽中獲勝 74 次的肯恩‧詹寧斯（Ken Jennings），與在美國各益智節目中獲得最高獎金的布拉德‧魯特（Brad Rutter），二人堪稱是北美益智問答競賽的人類菁英組合；另一方則是一部 IBM 電腦。這部名為華生（Watson）的電腦擁有 16 兆位元組的數據資料（包含整部維基百科〔Wikipedia〕），而且速度極快，能在一秒內分析一百萬頁的書籍內容。[1] 到目前為止，在這個益智節目中，人類與機器的表現幾乎平分秋色，接下來即將出現關鍵問題，準確說來應該是「關鍵答案」。因為《危險境界》的參賽者必須從節目提供的答案中找出正確問題，而這一次的答案是：「威廉‧威金森（William Wilkinson）的《瓦拉幾亞和摩爾達維亞諸公國記事》（*An Account of the Principalities of Wallachia and Moldavia*，暫譯）激發這位作者靈感，寫出他最著名的小說。」參賽者需要找出的問題是：「布拉姆‧斯托克（Bram Stoker）是何許人也？」因為此人在讀過上述作品後，寫出了《吸血鬼伯爵德古拉》（*Dracula*）。老實說，這個問題確實非同小可，卻是最適合美國電視節

目競賽的問題。不過，這題目可難不倒電腦——IBM 的華生程式，一眨眼間就給出正確問題，擊敗兩位益智節目的冠軍。最晚從那一刻起，人類在智力上的優勢似乎便蕩然無存。翌日，德國《明鏡週刊》（*Der Spiegel*）上有一篇報導，標題便是〈跪下吧人類，現在由電腦掌權！〉[2]。

當時，超級電腦華生的大小還相當於十部電冰箱，三年後華生的體積縮成三個披薩盒大，速度則增為 24 倍[3]，人類再也沒有機會打敗這種程式。2011 年，華生的勝利還橫掃各國電視節目；四年後，當某個研究團隊展示電腦系統也能在《超級大富翁》中打趴人類對手時[4]，已經幾乎沒有人特別關注這件事，電腦在益智問答中打敗人類的新聞，再也無法吸引大眾的目光。

原因當然不是電腦系統不再持續進化，關於天氣、近來的足球賽結果或是摩爾多瓦共和國（Moldawien）的首都在哪裡等問題，智能助理 Siri 與 Alexa 都比大多數的人類博學多了，而且它們還持續不斷地在學習。2011 年時，IBM 的華生還是線下運作，沒有與網際網路連接，而且就擺在《危險境界》攝影棚的隔壁房間。現代電腦則是線上運作，能在現場處理龐大的數據輸入量，早已不是程式設計後，只會呆呆吐出演算結果的靜態金屬箱。現在的電腦能自主學習，人們運用程式設計使電腦能識別圖像、語言或文章的規律性與模式，而它們每次分析某篇文章或聽到某個語言，就能調適得更好。換句話說：它們不斷地學習，而且學得快極了。

現代電腦不只學習雜七雜八的知識，以求在益智節目上獲勝，它們更分析我們的行為和語言。如今這些程式已能進行電話對談，難

以區分哪個是人、哪個是機器。2015 年五月 Google 推出智慧語音助理 Duplex，能預約美髮時間，而且聽不出是機器在說話（人們使用的「哎」、「嗯」等語助詞，自然地建置在對話中，令對話更顯真實。）[5] 為了達到這個目的，相關人員以數量龐大的小單位語言、詞組與字詞關聯，供電腦分析語言結構並精益求精。這麼一來，學習語言不再是人類的專利了。

　　未來究竟會如何發展？是否不再需要人類就能通電話？我相信，總有一天擁有自學力的電腦系統會學習我的聲音，之後我只須對它下令：「Google，打電話給我老媽，祝賀她的生日。不過，在打電話之前先查查她今年幾歲，因為我忘記她的年紀了。」於是老媽便接到一通電話，電話一端是我的聲音，而她會從如此「關心」她的兒子那裡，獲得最棒的生日祝福。

學習的上限

　　資訊業巨擘 IBM 和 Google 開發了能處理訊息，同時讓自己變得更加精良（也就是學習）的電腦系統，但我們也必須說清楚，IBM 的電腦系統華生和 Google 的機器學習程式，二者的運作方式並不相同。華生儲存了極為龐大的訊息，從這座數據大山中找出關聯來回答（準確地說，是能針對答案「提問」）《危險境界》的益智問題。舉例來說，在維基百科中，關於《瓦拉幾亞和摩爾達維亞諸公國記事》的作者威廉・威金森的網頁上，出現了這段話：「這是布拉姆・斯托克在撰寫《吸血

鬼伯爵德古拉》之前也關注到的一本書。」[6]IBM 的華生當然儲存了維基百科的全部內容，如果華生分析了這篇文章，便會發現這裡相繼提到斯托克與威金森。華生可以進行上百萬遍分析並發現，斯托克頻頻與威金森共同出現，而如果這種統計相關性夠大，程式便會輸出它的演算結果。「彼此夠相似的，應該就是對的」，這個原則也和 Google 搜尋演算法的運作方式類似。經常相互參照的網頁應該特別重要，並且會特別顯示在搜尋結果。然而，這還不足以表示，這些網頁上的訊息真的有意義。經常相互參照的網頁，彼此可能毫無關聯。

因為統計上的相似性未必就表示內容上具有重大意義，兩件經常相互參照的事物不一定就是對的。例如，全球氣候暖化與活躍的海盜數量減少，彼此之間存在著驚人的相關性[7]，這種相關性當然純屬巧合，沒有人會真的主張把更多海盜送往各地海上以對抗氣候變遷。然而，具有學習能力的電腦系統，大多是靠著找出統計上的共通性來執行任務。

理解則是不同的事，而今日的電腦系統全都敗在它們無法理解，因為就算你對自己所學的東西毫無概念，也能學習。直到今日，IBM 的華生依然不知道益智節目是什麼，也不知道說出正確答案後獲得掌聲，究竟意味著什麼。Google Duplex 也不知道美髮師是什麼，或者人們的出生日就是他們的第一個生日。電腦雖然不費吹灰之力就能擊敗電腦遊戲的世界冠軍，卻沒有一部電腦了解電腦遊戲究竟是怎麼回事。就算有人能把維基的網頁內容全都學起來，也不代表他真的理解其中的意涵。

相關的理論爭議多得不勝枚舉，對於電腦是否能建構出對世界的理解，就讓哲學家去傷腦筋吧！不過，擁有學習能力的電腦系統，其限制

也彰顯出人類在學習上的限制。因為，如果我們一味追求學習、追求效率與最佳化，最終我們可能會變得跟機器一樣笨。電腦雖然能在益智節目中迅速且正確答題，卻不知道能用贏來的獎金做些什麼。

現在 Google（以及其他資訊業巨擘）已經不再使用 IBM 華生的方式，而是研發其他系統，這些系統能自行利用大量數據模式進行推論。現在我們已經不再需要告訴現代的電腦系統這是哪種模式，它們不需外來的幫助，就能自己辨識構造與關聯，而它們所採用的，也是人腦巧妙運用的法則：在神經網絡中處理訊息。電腦當然沒有真正的神經細胞，但可以模擬神經細胞的特性。人腦能從大量圖像推演出其中的共通性，電腦也能以同樣方式篩選出其中的關聯。在圖像和語言辨識上，這種方法效果也非常好。舉例來說，如果我們想設計一種能「辨識」鸚鵡的電腦程式，就須提供它上百萬張圖片和好幾千張的鸚鵡照片，每次這個電腦系統會分析一張圖片並提供一個結果（例如，這是鸚鵡的圖片或者不是）。輸出的結果是「是」或「不是」，並且運用在下一次的圖片分析。利用這種方式，電腦系統便能一步一步從錯誤中學習，並且對許多圖片調適得更好，到最後幾乎針對所有的鸚鵡圖片，它都能輸出正確的結果。

這一點令人想起在前文說明過的，人腦的學習方法：運作快速的海馬迴，不斷向大腦傳遞最重要的刺激模式，直到大腦神經細胞調適良好，能穩定識別某種圖像。如同我們所看到的，電腦系統能以這種方式自主學習所有電腦遊戲。最早的雅達利遊戲或棋戲還相當簡單好學，因為這些遊戲都是公開對決的。但撲克牌遊戲則不同，沒有人知道對手持

有哪些牌，資訊不完整，因此可以虛張聲勢使詐。儘管這樣，Facebook 依然在 2019 年研發一款撲克牌程式，可以打敗最厲害的撲克牌玩家。方法很簡單，就是讓程式自己和自己玩上數千遍，從每一次的牌戲中學習其中的法則。這款撲克牌程式太厲害了，最後 Facebook 相關的研發部門不得不禁止公開他們的程式設計，以免網路撲克牌產業崩盤（這畢竟占有幾十億美元的市場）。Facebook 開發超越人類的撲克電腦，目的自然不在玩牌戲，而是希望能將這種基本學習法則轉用在各種類似的挑戰上，例如用於談判協商或是交通流量的控管。因為這種機器學習法則，能運用在語言、圖像、文章、股市行情、音樂偏好、氣候數據、消費行為或網路搜尋等所有具有規律性與模式的事物上。道理很簡單：分析大數據，找出這座數據大山的共通性，而經常共同出現的，必然特別重要。

　　無論人腦或電腦，神經網絡主要是一種模式辨識系統，神經細胞的基本構造便是為了找出相關性。到目前為止，我們在本書中所討論的一切，無論是人類的學習法則、人腦中海馬迴與大腦的任務如何分配、神經細胞如何工作並在神經網絡中建構模式等，都很好也很棒，但若想了解人們的學習內容，基本上還不夠。到目前為止，我只說明了人腦如何尋找模式、鞏固模式（也就是「儲存」），並加以運用（「提取」訊息）而已，這是傳統型學習，但光是這樣還不夠。如果電腦純粹以這種方式學習，在認知上就會過度單純。如果我們將學習純粹當作是找出模式與關聯，只求迅速並精準無誤地儲存學習內容，就無法理解我們的學習內容。

如何讓有學習能力的電腦露出馬腳

你想欺騙電腦，證明它並不理解自己在做什麼嗎？再簡單不過了，只要問它非知識性的問題。電腦能輕鬆回答知識性問題，所以你該問它不那麼明確的題目，比如：廚房裡坐著四個女人，其中兩人已婚，而她們的丈夫各有一名來自第一次婚姻的孩子。現在，她們的丈夫各自帶著自己的後代走進廚房，那麼，現在這個空間裡共有多少人？

別感到困惑，這不是什麼大難題，不過是簡單的加法而已，正確答案是「八人」。這對人類而言非常簡單，卻是電腦的惡夢（如果電腦會作夢的話），因為它們必須知道，對女性而言「已婚」表示有丈夫；廚房是一個空間，女人、丈夫與孩子都是人類，而後代指的是孩子（特別是父母一方在場時）等，這些都是沒有明說的設定，是電腦不懂、也無法以統計法從數據中推導出來的。因此，2019 年的一項研究中，輕輕鬆鬆就能提出淘汰所有電腦、但人類卻能輕鬆作答的問題。研究人員總共研發了 1200 道題目，這些問題大多依據上述的原理設計：在問題中加進一些沒有明說的知識，且經常使用較冷僻的同義詞（例如「後代」），這樣電腦就無計可施了。[9]

無論如何，這些問題都能清楚推算答案，但真實世界哪會如此？如果要電腦處理難以推算的問題，它們可就真的束手無策了。例如：梅西（Lionel Messi）在巴塞隆納足球俱樂部（FC Barcelona），或是在阿根廷國家隊的表現較佳？隨便一個稍微有點了解國際足球巨星梅西的人，都會同意我的觀點：他在巴塞隆納足球俱樂部的表現顯然要精彩多了，

這一點無庸置疑。問題是，這該如何量化？

就算只是和八年級學生競賽，這樣的電腦系統也只能舉白旗。2015年底，有人邀請最優秀的電腦研發人員參賽，如果有人研發的電腦程式在中級程度的益智問題中，表現能勝過孩童，此人就能獲得五萬美元。共有780個隊伍參賽，其中最好的程式也正確答出將近60%的問題。[10]然而，一碰到需要理解的題目，就連最成功的電腦系統也無法處理：

從地球上有地震這個事實，科學家能推導出什麼結果？

A 地球上的氣候不斷在變化。

B 地球上的大陸不斷在移動。

C 恐龍在六千五百萬年前就滅絕了。

D 今日的海洋要比數百萬年前深多了。

你別太過詫異，沒錯，這是十三歲的孩童應該已經會的，難度不太高。四年後同樣的測試再度進行，這一次程式演算力更強，訓練更精良，而結果也不同於上次：這一次電腦系統答對了90%的問題，可以得到2＋的成績，但這一次那些最厲害的程式只是採用了統計法，它們只能回答複選題，卻無法回答問答題，也無法分析圖像。它們依舊是笨機器，只不過速度變得較快而已。我要附帶說明一下：現在，就連完全沒有想像力的機器也能通過學校的考試，但這一點並不表示學校教育也該如此。如果我們把人教育成在複選題測驗中能盡快選出答案，這樣培養出來的人，未必能夠理解事物的因果關聯與真實情況。

降到電腦的水準

只要電腦一日無法理解自己在做的事，它就只是在模擬自己的知識。它欺騙我們，使我們誤以為它處理訊息的方式與我們類似，但它其實只是在「弄假，直到成真」（Fake it, till you make it.），假裝它根本不存在的能力，直到我們誤把最愚蠢的機器當成聰明的機器。這一點Google 想必也已發現。

Google 的電話助理軟體 Duplex 大受讚揚，但在 2019 年五月《紐約時報》（New York Times）發現，大約四分之一的電話並不是由 Duplex處理，而是在一處數位客服中心由真人執行。[11] 更誇張的是，2014 年中國 Startup「X.ai」開發了兼具聊天機器人與行事曆的程式—— Amy Ingram，負責安排約會並將電郵寄給其他會議成員，這些都是非常繁瑣的辦公室工作。這款程式表現優異，特別是口語與書面溝通能力上，表現更是令人驚豔。然而，後來也有人揭露，在這個電腦程式背後其實有真人在執行工作。薪資差，每十二小時輪班一次，負責回答電郵與行程登錄。[12] 或許因為這樣，資訊業始祖格雷戈里·科貝格（Gregory Koberger）說過一段話，才會成為科技業的一則笑哏：「如何創建一家人工智慧新創公司？一、聘用一群最低工資的人，假裝是人工智慧偽裝成人類。二、等待真正的人工智慧被研發出來。」[13] 以德國電腦先驅康拉德·楚澤（Konrad Zuse）的話來說（而且早在數十年前就說了）便是：「電腦變得跟人類一樣，這樣的危險並不大於人類變得跟電腦一樣的危險。」

對學習的誤解

對許多人來說，學習意味著迅速將訊息記在腦子裡，在考試時應用，或是獲取能力得以完成無需思考的任務。這種學習法很容易移用在機器上，造成我們也經常得面對同樣的要求：學習必須迅速且高效。我們認為聰明人學得比一般人好，是因為他們能在更短的時間內學會更多內容，之後更能利用這些知識。雖然，在許多勵志書中介紹的學習技巧，幾乎都以這種觀點為基礎，但這種學習是不夠的。儘管在前面的篇章中，我也說明了追求優化效率的傳統型學習究竟建立在何種基本法則之上，而這種學習法絕對有其道理，但光是這樣並不夠。

問題一：來得快，去得也快

許多學習技巧著眼於加速學習過程，追求以更短的時間學到更多內容，但這種快速學到的知識，很可能只是皮洛士的勝利（Pyrrhic victory，譯按：古希臘伊庇魯斯國王皮洛士率兵打敗羅馬軍隊，自己卻也傷亡慘重，得不償失），我們自以為學會了什麼，結果來得快的，去得同樣快。例如，我們請受試者背誦一篇知識性文章，短期來看，將這篇文章連續讀過數遍似乎頗具效果，但這種方法僅在隨後立刻考試時才有用，因為越是快速又密集地把知識「敲進」腦子裡（這在科學上稱作「重複加強學習」〔massive learning〕），這些知識就消失得越快。[14] 必須學會運用這篇文章中的資訊，或是將這些資訊放到另一種關聯之下，我們

才不會在一個星期過後，就把這些知識忘得一乾二淨。

此外，學習技巧越簡單，必須越勤奮努力。就算是個大笨蛋，面對最難的文章，也無需太過費心思考，就能在反覆讀過十幾遍文章後念熟，或是利用記憶口訣熟記。學習技巧越簡單，我們就越不需要聰明才智來運用這種技巧。或者應該倒過來說：許多人之所以沒有充分運用他們的智力，是因為採用了簡單的學習技巧？

某種程度上，「重複加強學習」也是具有學習能力的電腦系統運作方式的人類版，但「重複加強學習」不僅無法帶領我們前進新的思想領域，還會使我們更快面臨極限。這就如同以破紀錄的速度攻頂楚格峰（Zugspitze，編按：德國第一高峰），那不是我們登上火星的第一步，而是旅途的終點。

問題二：完美無誤的回吐知識，不代表真正理解

想測試自己是否真正理解所學內容，辦法相當簡單。不過，我們往往只考問學習內容，並且錯將正確地回吐知識當成一種學習成就。這就如同 2016 年一項有趣的研究顯示，這種作法只能考出假知識。

在這項實驗中，受試者必須先仔細閱讀關於「能量從太陽傳送到地球」的文章，之後半數的人立刻再把這篇文章讀過一遍，另一組則收到一些相關的問題，例如地球上不同地區溫度上升的情況（一年平均下來，當然以赤道升溫最快）。一個星期後進行考試：測驗一完全依照文章內容出題；測驗二則包含變化題，例如：一般而言地球上的風是吹向

赤道，還是從赤道吹往他處。（按照邏輯應該是吹向赤道，因為基本上風是從較冷的地區吹往較暖的地區，而赤道是地球上最熱的區域。）答案雖然沒有出現在文章中，但之前已經考核過文章內容的那一組，在這些變化題的表現較佳。[15] 換句話說，他們也理解內容了。

坊間受歡迎的學習技巧（反覆學習、記憶口訣、做摘要、示意圖，利用標示重點和畫線主動閱讀、閃卡等）莫不聚焦在有效儲存訊息，也就是我們在科學上所稱的淺層學習（surface learning）。2016 年，研究人員在一項大型的概括性研究中探討，如果我們希望不只是蜻蜓點水般掠過學習表面，而是深入理解其中的概念，該怎麼做？這時他們發現了截然不同的技巧。[16] 其中一種方法是主動了解內容、深入探究，運用從中獲得的知識。在接下來的篇章中，我們還會更深入介紹由這些現代學習法變化出來的辦法，在這裡我們只需知道，一般受歡迎的學習技巧，其實多半完全不適合這個目標。

新學習，新思維

有些人確實能以自己的知識令人讚佩，並且在君特·耀赫（Günther Jauch，編按：德國知名電視主持人）的益智節目上贏得百萬大獎。但老實說，看這個節目的觀眾，有誰是真的為了其中的益智問題？參賽者和他們的故事豈不更加引人入勝？這在今日尤其如此。如果把現在的《超級大富翁》系列和最早期的作比較，就會發現一項有趣的差別。在千禧年前後，這個節目的主軸還是其中的知識題。當時，有人能

純粹靠著智力贏得百萬獎金，依然很吸引人，而觀眾也熱烈地跟著猜答案。然而，最近幾年來大家注目的焦點是參賽者，而不是他們的知識。在節目正式展開前，就以深具娛樂效果的方式介紹每位參賽者的故事，台上的對話，部分已經完全偏離益智問答的內容。《超級大富翁》的重心如此大幅偏移，原因究竟是什麼？

1999 年底，人們還無法 Google 其中的答案，如今卻易如反掌，因此必須有替代的東西，而這個替代物就是人與人之間的交流。搜尋訊息如今不再是什麼了不起的能力，相形之下，對事物的理解便顯得益發重要。如果有人在《危險境界》連勝 74 場，我們當然可以推論，這個人確實有兩把刷子。可是，擁有絕佳記憶力，能從腦子裡提取眾多訊息，這些能力雖然是證明某人聰明的必要條件，卻非充分條件。換句話說：對事物有所了解的人，之前必須好好學習；但好好學習的人，不一定都能完全理解。

或許有人會抗議，認為這是相當西方的觀點，尤其是亞洲國家，它們對學習往往另有看法。亞洲國家認為，正是透過頻繁的反覆練習，久而久之才能建構出理解。畢竟熟能生巧，而下苦功勤奮學習的人，久而久之必定能夠理解。

新加坡的教育體系被公認是世界級的，但在其教育體系上的轉變顯示，當地的想法也正在翻轉。自 2018 年起，在西方社會幾乎毫無所覺的情況下，這個國家提出了一些新的轉變：減少學生的成績排名、加強對因果關聯的理解，而非追求簡單的記憶性學習。[17] 另外，在 2023 年之前推動「應用學習計畫」（applied learning），從前是課文本位的課

程，如今學生們應盡情嘗試戲劇課、體育項目或電影工作坊等，而且不打分數也沒有考試。這在德國已經行之有年，我們稱之為「校園興趣小組」，目標是使教育追求更全面的思考，而不是能在 PISA（Programme for International Student Assessment，國際學生能力評量計畫）測驗中奪得最高分的解題技巧。以新加坡前教育部長、現任財政部長的王瑞杰（Heng Swee Keat）的話來說就是：「重要的不是教人如何變得聰明，而是如何成為更好的人。」[18] 新加坡在學校教育上最主要的問題是，銀行業、公務員及醫療業是眾人心目中的鐵飯碗，在求學階段，大家就是以這些職業為目標在接受訓練。然而，相較於具體的職業前途，教育更重要的目標在於，能理解事物之間的關聯、培養批判性思考、窮究事理、研究新的解決方案、從錯誤中變得更好，並且能將這些知識傳遞給他人。

因此，優秀的學歷不必然表示這個人也理解了學習內容；在 PISA 測驗中排名第一，並不一定是具有創新能力的社會。直到今日，在教育研究中依然存在各種觀點，爭論亞洲國家在企業與社會創新力中排名不佳，但在 PISA 排行榜上卻名列前茅[19]，原因是否在於它們的教育制度。畢竟，建立創新企業的原因五花八門，並不全然出自學校教育。[20] 但不管怎麼說，新加坡的例子在在顯示，我們確實有必要重新檢視傳統型學習法。

另一個理由是，世界不斷在轉變，未來需要的是和前此不同的能力。世界經濟論壇（World Economic Forums）在 2018 年提出的《未來就業報告》（Future of Jobs Report）中指出這趟旅程的走向：「原創

性、創新」、「主動學習」、「創意」與「解決問題的能力」等將會日趨重要，而「記憶」、「讀寫能力」或「操作的靈巧、精確性」則日漸喪失其重要性。[21] 儘管我不贊同這份研究的某些細節（個人認為讀寫能力在未來依舊扮演一定的角色），但主要走向相當明確：無需多加思考的重複性工作需求減少，需要更多理解力的思考性工作增多。**稱霸未來就業市場的，不是因為苦讀而在考試中表現精準無誤的人，而是能善用知識的人。**為了達成這個目的，我們必須離開大家習慣的學習路徑，告別對效率的追求。因為，我們必須稍微沒有效率地處理訊息，才能真正理解訊息。這句話聽起來或許很荒謬，卻是事實。接下來的篇幅裡我將說明個中緣由。

理解的步驟

　　傳統型學習是不夠的，原因之一是學得太慢，少則需要幾分鐘，但通常需要數小時乃至數日。需要一段時間，神經細胞的突觸才能彼此調適，神經細胞會將部分學習過程在夜間「播放」出來（你應該還記得：為了這個目的，海馬迴會「訓練」大腦皮質的神經網絡）。但我們有時會突然理解某種新事物，這種經驗與牛步的學習過程大不相同。例如，我們在聽過自拍照的英文「selfie」一、兩次後，馬上就知道它的意思。不只如此，在初次聽到（或見到有人自拍）這個好懂又好記的語詞時，當下就知道，我們再也不會忘記這個語詞了。不需經過睡眠，立刻就了解它的意義。

　　傳統型學習的另一個缺點是缺乏彈性。電腦必須不斷處理更多訊息，才能識別其中的模式，但我們的作法卻恰好相反，而且我們有能力利用少數樣本（有時甚至只靠單一樣本）發展出整個思維概念。我在上超過二十小時的駕駛課後就考上駕照，而且幾乎未發生交通事故，甚至在我初次上路時亦然。因為理解同時意味著，我建構了某個概念，而我也能將這個概念運用在未知的問題或全新的情況上；這種學習可以稱為「學習遷移」（Learning Transfer）。

這個世界不只有大數據，更重要的是能利用「小數據」（Small Data）處理個別案例。如果我想買房，我根本不可能先買下一萬棟房屋，再從這些購屋經驗中推導出如何買房。在這個例子裡，我甚至必須在毫無購屋經驗下做出合理的決定。我們經常會面臨自己未曾經歷過的狀況，這時我們必須將問題抽象化，建構出事物的概念，移轉經驗並思考：如果這樣，結果會怎樣？換言之，我們必須了解其中的道理，這樣才能為自己的人生作出重要的抉擇。例如婚姻，我當然可以採取大數據法，學習誰是我生命中那個對的女人。但如此一來，我就得「測試」成千上百名可能的伴侶。老實說，這是社會與健康都不允許的。在真實生活中，我們也許只有過幾名伴侶，卻能找到「對的」那個人。愛情雖然屬於我們尚未全然理解的事物，但愛情顯然是一種小數據的問題。因此，本書接下來將聚焦在較簡單的議題，也就是聚焦在人類理解的三大主軸：

1. 我們能以極少的樣本建構思維模式；
2. 我們能以這種思維模式理解，某個事物為什麼以及為了什麼而發生；
3. 我們能將自己發展的、且經過驗證的思維模式重新結合，運用到未知的情況上。

現在我們就來仔細看看，人腦在這方面擁有哪些策略與心智密道。

「E 學習」的兩種路徑

　　請想像，你想理解某個字母，例如「E」。好吧，相形之下，一個字母沒有多少需要我們理解的。我們學習字母，是為了準確無誤地將它寫出來，如此而已。不過，藉由這個簡單的範例，可以學到人類理解的基本法則；這個法則便是「建構模式」。

　　為了學習（並理解）「E」這個字母，具體上可以怎麼做？如果你有很多時間，你可以觀看許多種「E」，書上的、報紙上的、網路上的以及各種手寫版本的「E」。

　　即使在此之前你完全不知道「E」是什麼，甚至不知道這是一個字母，也不知道「E」該怎麼唸，在見過數千個「E」之後你也會發現，這些符號都具有共通點。你會分析所有「E」的關聯，從中推論出「E」究竟是什麼東西：就是一條豎線，而在這條豎線的上、中、下方分別有一條往右，較短的筆劃。

　　能夠判讀筆跡的電腦系統，其運作方式也和上述方法極為類似。好吧，「判讀」這個說法其實不恰當，因為機器學習系統所做的，基本上只是分析這些符號的共通點。我們提供這個系統大量的「E」，最後該系統便整合所有「E」的相似之處。如果某個新的手寫的「E」和這個模式的相似度夠大，這個電腦系統就會將這個「E」判讀為「E」。無論要學習的是圖像、面貌、聲音或字母，擁有人工智慧的電腦系統大多是這麼運作的。（見下頁圖1）

　　如果你的時間很多，又有許多「E」供你運用，那麼這就是個很棒

的辦法！但除此之外，還另有一種方法能讓我們理解「E」是什麼，這個方法就是將「E」作為一種樣本抄寫一遍，並且把其中的建構原則當作「E」來學。

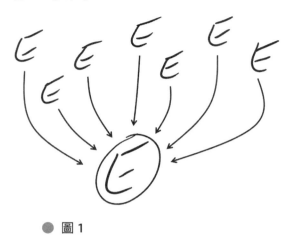

● 圖1

這麼一來，「E」就不再只是具有特定幾何特質的一個東西，而是能以某種特定方式產生形象。比如在寫「E」的時候，我會先寫從上往下、再稍微向右彎的豎劃，幾乎像寫「L」那樣，接著在這條豎線中間畫一條往右的短線，最後在上方同樣往右畫一條短線，「E」就完成了。一旦學會了以這種方式寫出「E」，我就能任意寫出各種「E」（見下頁圖2）。

這兩種學習法存在著根本上的差異。在第一個例子，我們需要大量的樣本，才能從中提煉出「E」字母的內涵；但在第二個例子，只借助唯一一個樣本，而在從中得出一個模式之後，就能利用這個模式製造許

許多多的新例。這種學習方法快多了，而且需要輸入的數據也較少（準確說來只需要一個）。

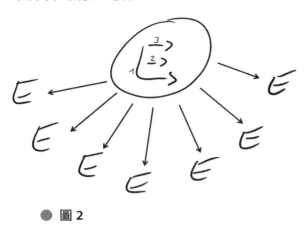

● 圖 2

　　此外，這種方法更富有彈性。以第一種方法學習的系統，如果遇到一個扭曲變形的「E」，由於外觀上的差異太大，它可能無法識別這是「E」。反之，如果採取「E」的構形原理，那麼，無論「E」的外形如何，都能加以辨識。

　　除此之外，第二種學習法還具有另一項優點：由於我們建構的是某一種構形模式，重點不在「E」的具體樣貌，而是它是如何構成的。運用類似的方法，我們也能發展出「E」的其他抽象模式，運用在其他字母上。而唯一的關鍵在於，這個符號滿足了哪些功能。例如「Ente」這個字，雖然「Ɛnte」的寫法與之前的「εnte」或「Ɛnte」寫法不同，我們都知道這個字是「Ente」。同理，我們可以創造外觀差異更大的各種

「E」，但其中的基本法則仍然不變，因為這些「E」都滿足相同的功能。（見下圖3）

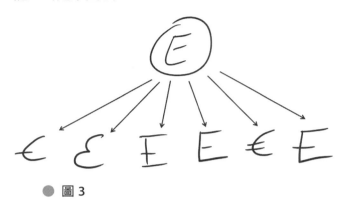

● 圖 3

　　這兩種學習法人腦都採用，這一點，我們只需回想自己是如何學會寫字母的，就能夠理解：先了解構形原理，但接下來我們仍需反覆練習許多遍，才能寫出漂亮的字母，因為我們神經網絡的神經細胞，也會從大量的練習與樣本中提取出一種共同的模式（語音識別的情況也相同）。不過，理解的過程主要是以第二種學習法作為基礎。

　　發展模式與操作方法以便處理訊息，這種辦法聽起來似乎很費工夫，因為我們必須思考並主動參與。從大量的刺激中推導出它們共通之處，這是大笨蛋也辦得到的。只要不是太懶，願意花點力氣做事，這個方法確實擁有莫大的優點。以數學來說：我們可以把許多計算題（例如九九乘法表）背起來。然而，我們一生中需要的計算結果多如牛毛，沒有誰能全部記住，所以，遠比這麼做更聰明的辦法，就是仔細思考我們

能依據何種建構原理解出算術。結論是，利用四則運算，都能解決生活中絕大多數的算術問題。我認為熟背九九乘法表是必要的，這是數學課最重要的工具。因為能快速利用九九乘法表，我們才能建構其他數學模型。想想看如果我們必須動手計算乘、除法，少了九九乘法表，就幾乎無法計算了。

思維的現代積木

這麼一來，學習觀與人類的思維就獲得了全新視野。重點不在儲存訊息、供需要時提取；更重要的是，有一種學習型態能協助我們建構模式、假說或是構形原則。借助這種學習型態，我們能處理訊息，而這種處理方式我們稱之為「理解」。重要的不是我們處理了什麼，而是如何處理。例如下面這個圖案，你看到什麼？

　　　： -)

相信你會說，這是一張臉。你不是唯一從這個圖案看到臉的人，但不同的人處理這些黑點和線條的方式都略有差異。輸入的訊息相同，但人腦接收這些訊息並轉化為神經衝動（nerve impulse）的方式（也就是人臉的模式或概念），則因人而異。

因此，無論具體上看來如何，凡是能以相同方式處理的就是「臉」，所以我們也常常在雲朵中、卡布奇諾咖啡奶泡或是雨水積成的

水窪中，見到人臉的形狀。人臉的構形原理在我們的社交生活中至關緊要，難怪人腦有時會反應過度，甚至將腦海中的「臉孔構形施作指引」用在不是臉孔的物體上。

因為「理解」是我們處理訊息的方式，所以我們無法將腦子裡的「理解」挑出來轉移到電腦上（或者倒過來，像我們在科幻電影中所見，連結人腦與電腦，把電腦裡的知識傳送到人腦中）。「理解」是一種過程，並不是儲存在人腦的某個固定位置。反之亦然：「理解」是無法 Google 的，我們可以 Google 訊息、數據、事件、符號與記號，但這些都不是存在我們的腦子裡，只是我們處理這些刺激的方式──而這正是我們腦裡的「理解」。這裡的「：-）」也不是臉孔，而是兩個點和兩個線條，只是你處理這些點、線的方法，和你處理真正的臉孔相似，所以腦海中才會出現臉孔圖像。

果真如此，一旦我們想傳授「理解」時，就會面臨一大問題，因為嚴格說來，並不存在可以傳授的東西。「理解」是我們在腦子裡處理訊息或感官刺激的方式，這是因人而異又專屬個人的，因此**我們要做的不是傳授「理解」，而是使人具有能力自己建構這種「理解」**。舉一個非常具體的例子：現在我提供你各種數據、符號和記號（也就是此刻你正在讀的這些字），而有時你也會接收較大的訊息單位（也就是單字或句子），接下來你是如何在腦子裡處理這些刺激的，這一點正是奇蹟發生的關鍵：從訊息變成「理解」。我希望這個過程，能夠以我寫下的文字意願去達成。

基本上，人腦的工作方式猶如一套大型積木組，會不斷在神經網絡

上建構各種如何處理進入的感官刺激的模式（也就是種種猜測）。因此，我們的所見所聞並非發生在自身周遭的事物，而是和腦部當下思維模式最為匹配的。如果這個模式突然不適用了，我們可以重新調整它。當事實和我們的預期，二者間的差距越大（我們在思考時形成的模式錯誤越大），腦部就必須加倍調適，改變自己的模式，而這種改變模式的步驟便是學習的過程。這種運作原理有一種科學理論，我們稱之為「預測編碼」（predictive coding）。

這個名詞聽起來很抽象，預測編碼到底是什麼？它是每個曾經在聽歌時聽錯歌詞的人都有過的經驗。我們在腦海中浮現某種想像，而我們的感官知覺也會相對應地調適這種想像。相反的情況也可能發生：起先我們什麼都聽不懂，等到有人提示，這可能是什麼（也就是得到處理這些感官刺激的模式）時，我們才聽得懂。以我的經驗為例：我第一次騎競技車經過黑森邦（Hessen）南部時，曾向當地人問路。這位普法爾茨人（Kurpfalz）很友善地為我指路：「Aller guud. Am beschde färschd im Ordd alstemol nunner, donn biesch'ste linggs abb un' diereggd rüwwer uff dera anner Seidd naus.」（譯按：當地方言）我壓根聽不懂他在說什麼，幸好一名路人趕緊過來幫忙：「Sie fahren immer geradeaus und biegen links aus dem Ort ab.」（譯按：標準德語。意思是：「一直向前走，接著左轉離開這個地方。」）就這樣，我突然聽得懂原本聽不懂的話了，但在這此之前，我需要一個模式才能破譯這種方言。

曾經有人在條件控制下，在實驗室進行類似的實驗。研究人員利用癲癇患者進行手術必須開顱，而在腦部的 468 個位置植入電極，記錄這

些部位的腦細胞活動狀況。接著，他們播放一段被吱吱沙沙聲干擾的語句。起初，受試者根本沒聽出其中有說話聲，因此，神經細胞也沒有出現我們在聽出有意義的語句時，會有的同步活動。但如果事先告訴受試者那些受到干擾的內容是什麼，再次播放同一段內容時，神經細胞就會產生同步活動，而受試者也能聽出隱藏其中的語句了。[22] 也就是說，他們已經發展出能處理這些聲音數據的模式。

數據本身並沒有改變，但處理數據的方式，以及從中形成的「理解」卻變得不一樣了。換句話說就是：「Nur wemma vorrer rischdisch uffbassd, kannsde ah kabbiere, umm wass'es geehe duhd.」（譯按：這裡模仿普法爾茨方言，意思是：你必須非常專心注意，才懂得那是什麼意思。）

理解的三階段

前文以「E」為例，清楚說明我們是藉由發展思維模式與構形原理來創建「理解」的。原則上，我們也可以訓練電腦程式以少數範例發展出某種模式，來建構出各種新的「E」。[23] 這種方法在某種程度上確實可行，因為字母只涉及視覺型態，一旦涉及看不到的內涵，電腦程式就會面臨限制了。我們能理解自由、正義或者叔叔是什麼意思；換句話說，即使是抽象的事實，也能運用模式思考；無論是了解什麼是汽車、如何疏通阻塞的管路，或者德國稅法是如何運作的……，我們都能這樣思考。

當我們說自己了解某件事時，意思通常是：我們知道事情之所以這

樣，是為什麼以及為了什麼。在這麼簡短的一段話裡，就已經蘊含好幾種「理解」的特質：

首先，**「理解」是突如其來，而且不可逆轉的。**理解是一種「全拿或一無所有」的過程。一旦理解了，就不可能「去除理解」，不可能從理解又變成不理解。

其次，**理解是指，我們知道某件事的因果關係**（也就是某件事的理由或目的）。

第三，**我們以此建構出新的思維模式**，這在科學上又稱為「模式」（Schema，或稱基模）。這句話聽起來相當理論化，且讓我們以實際的例子說明。

好多年前我曾經在美茵河畔（Main）和攝影師準備拍攝短片，當時他從後車廂中取出新款的攝影器材：一個由螺旋槳驅動的飛行器，飛行器下端安裝了攝影機，人們可以用遙控器操控它起飛拍攝空拍照。攝影師向我說明，「這是空拍機（Drohne）。」（譯按：德文「Drohne」，有雄蜂、無人機、空拍機等意思。）我興奮極了，在此之前我只知道「Drohne」是以交配為目的的雄蜂，而現在，「Drohne」卻讓我得以從建築物上空拍攝精彩的照片。如今這種飛行器隨處可見，它們不僅影響了空中交通，也對人工湖畔的泳客造成干擾。我永遠忘不了我與空拍機的初次接觸，也不會忘記空拍機為何叫作「Drohne」：它就像雄蜂般嗡嗡作響。在我見到空拍機的當下，立刻就了解「Drohne」是什麼東西。這是怎麼回事？

第一階段：快速分類

第一次見到空拍機時，你可能很快就能分辨這個物體與其他飛行器的差異，並不需要先看過上千架空拍機，這種現象我們稱為「單樣本學習」（One-shot-Learning）。

如果我們不只看到空拍機，還能同時區分空拍機與其他飛行器的差別，這種學習效果會特別好。如此一來，我們同時會知道空拍機「不是什麼」：空拍機不是一般的飛機，也不是直升機。下圖 4 的飛行物都有螺旋槳，卻分屬不同的飛行物。

● 圖4

第二階段：發現因果原理

　　學得快是一件好事，但這不表示我們真正理解了。為了能真正理解，必須提出最重要的問題：為什麼？或者——為了什麼（目的）？

　　這時最好的辦法便是拆解這個物體、概念或是訊息，這樣我們才能知道，某個東西是如何運作的。以攝影空拍機為例：它是由螺旋槳、引擎、電池，當然還有攝影機所組成。如此一來，攝影空拍機才能執行它的功能：電池提供引擎動力，引擎才能啟動；引擎使螺旋槳運轉，螺旋槳才能轉動，進而將空拍機帶上天空；空拍機下端安裝了攝影機，才能拍攝空拍照。對理解而言，這種因果關係就和了解其目的（也可以說是「意義」）同樣重要（見下圖5）。

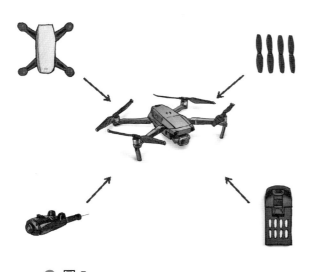

● 圖5

第三階段：發展思維模式

如果我們迅速將某個物體分類，並了解它的操作原理，就能針對這個物體形成全面性的概念，也能發展出這個物體的新版本，例如發展出在設計上與原來的空拍機截然不同的空拍機。儘管設計各異，但萬變不離其宗，那就是基本的因果原理。凡是能用這種思維模式，以類似方法在腦中處理的物體都是攝影空拍機。這種情況在科學上稱之為「模式學習」。我們發展出一種思維模式，運用這種思維模式整合個別的元素，並以類似的方法在腦子裡處理這些元素。如此，我們便能將某件事的因果原理（為了什麼目的？為什麼？）轉用在新的事例上（見下圖6）

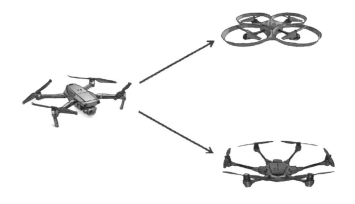

● 圖6

這三個理解階段（快速分類、發現因果原理、發展思維模式）本身就已經很厲害了，但它們加總起來還能達成非常獨特的目標：創造出新

的理解範疇。我們可以將攝影空拍機的思維模式連結飛機的思維模式，創造出來的便是飛機空拍機。這種飛行器能垂直升空，又能如一般的飛機般飛行前進。我們也可以將「攝影空拍機」的思維模式連結「直升機」的思維模式，創造出客運無人機（見下圖7）。這種思維結果或許會與最初的訊息（原本的攝影空拍機）大異其趣，如此這般，如果貫徹這種理解原理、加以運用，就能研發出一開始想都沒有想到的飛行器。

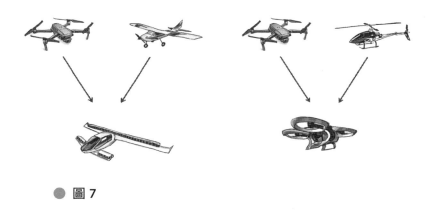

● 圖7

這與航空史的演變有些許相似之處。一百多年前，最早的飛行器試圖模擬鳥類飛行的方式，結果紛紛以失敗收場，全都墜落。直到人們了解了鳥類翅膀的因果原理，知道機翼必須彎曲有弧度，氣流經過時才能產生升力。懂得這種飛行原理的人就能製造飛機，這種飛機與鳥類外形的共通之處只有翅膀，但二者都運用了相同的飛行原理。

如今我們有著形形色色的飛行物、客機、噴射機、直升機，單翼、雙翼、四翼機、雙層或三層機、無人機與滑翔機等。無論這些飛行器的

差別多大，它們都蘊含著人們在理解之後，用以建構思維模式（與新型飛機）的因果原理。

就此看來，人類的發展與發明史，就是一部人類理解的歷史。我們當然也能透過嘗試與犯錯研發新事物，但最高明的構想都是經過深思熟慮的。換句話說，人們理解了某個原理，並且將它與其他思維原理加以連結。

或許必須歷經數百萬年的演化，地球上才有蜂鳥誕生，但人類的生命有限，幸好我們能理解自己在做的事。因為這樣，我們才能改變世界、建造飛行原理與蜂鳥相同的飛機。只不過，這種飛機一次能載運數百名旅客，在數小時內飛越大西洋，這些卻是蜂鳥辦不到的。

讓我們再回到理解的過程：藉由發展出各種思維模式並連結它們，可以形成新型態的構想。這些新構想不一定都是具象的。思維模式不斷連結再連結，到最後，所有的形象都會消失，創生出來的諸如正義、未來或尊嚴等抽象概念。這也正是人性的起點、動物的終點，因為據我們所知，人類是唯一具有抽象化能力，能進行符號思考、溝通，進而形成理解的生物。這一點，至今還沒有電腦辦得到。

這一切聽起來很複雜，但是過程卻極為快速。如果我告訴你，「Bropa」是「Opa」（譯按：Opa在德語中意思是祖父、外祖父）的兄弟，你馬上就能推論自己有多少「Bropa」，你的兄弟姊妹是否也有「Bropa」，你的祖父、外祖父是不是也有「Bropa」，或者其他老老少少的人，他們的「Bropa」是否還健在等。你會立刻分類此概念，進而理解其中的建構原理，並能馬上運用在新的課題上。一旦你知道

「Bropa」是什麼，就能知道自己是否也有「Broma」（譯按：Oma 在德語中的意思是祖母、外祖母）。

　　反之，你也能快速測知，某人是否真的理解某件事：這種理解是漸進式還是靈光一閃？他是否能說明某事為什麼如此，或是為了什麼目的？他是否能從具體的樣本看出某個概念，並且將這個概念轉用在其他事例上？如果是，那麼我們就可以推論，他真的理解了。接下來，將深入探討這三種理解的材料，並說明我們如何具體運用這三種材料，增進自己對事物的理解。

2.3 「啊哈」懂了：一看就懂

　　九月，一個溫暖的清晨，我和夥伴們騎著自行車，準備前往舊金山後頭的丘陵。突然間，一名不是隊友的自行車騎士倏地從某個出口闖進我們的車道。

　　沒問題，我們閃開就是了。「He was pretty oblivious.」一名夥伴說，我一聽就知道「oblivious」的意思相當於「不留神、不注意」。之後我再也未曾使用過「oblivious」這個字，但它的意思我永誌不忘。

　　由此看來，人腦肯定有某些方法，才能在當下，並且在唯一一次的接觸後理解訊息。畢竟某些事我們一生只會經歷一回，卻從此銘記在心，例如第一次上學、初吻、某次假期的特殊回憶、多年前的一次耶誕節等。我們對這些體驗都帶有強烈的情感，難怪久久不忘，但同時也是因為處理強烈情感的腦區和編輯記憶的腦區合作緊密。不過，對於一些相形之下較不強烈的概念，有時我們也會突然「啊哈」懂了，並且牢牢記住。例如安全氣囊或是約好共進早午餐，以手機自拍（Selfie）等，這些語詞完全不需要單字本，也不需要反覆學習，就能馬上理解。不久前，有個廣播節目主持人在晨間節目上以「Schadieu」[24]（譯按：Schadieu 由德文的「schade」〔可惜的、遺憾的〕與源自法文的「adieu」〔再見〕組成，

用以表示依依不捨的離別感傷。）向聽眾道別，從此這個說法就駐留在我腦海中了。

唯有這樣，我們才有可能學會某種語言。從呱呱落地開始，我們的大腦就開始編輯進入的語言旋律，出生才一天的寶寶就能分辨 AAB 模式的字詞，與 ABC 模式字詞的差異（ba-ba-lu 與 ba-lu-ta 不一樣）。[25] 不過，在十八個月大以前，寶寶的語言發展並不大，這個階段的幼兒通常只學會五十個字，但之後他們便進步飛快，進入發展心理學上所稱的「詞彙爆發」期（vocabulary spurt）。在這個特殊階段，兒童一天最多能學會十個新詞彙，而且持續好幾個月！如果採用傳統型的生詞學習法反覆練習，這是絕對辦不到的。儘管有較新的研究指出，這種語言的指數型成長是幼兒好幾個月下來，大量從語言的特殊語境中吸收的必然結果，但無論如何，這種速度相當驚人。[26] 即使是成年人，學習新語彙的速度也相當驚人。

在實驗室研究受試者需要多少時間記住無厘頭的新創詞彙時發現，他們往往只需要反覆學個三、四遍，就能在幾分鐘內記住。而且他們不只在實驗剛結束時才記得住，一個星期過後，甚至還記得大半的字。既然每個神經細胞都需要幾小時才能對新刺激形成反應，為什麼我們可以學得那麼快？

壞消息則是：四歲以後，我們學習語言的速度就沒有那麼快了。在年紀還小時，掌握母語的學習窗口就已經關閉；對學習語言這件事，任何兩歲半的幼兒都能贏過成人中的語言天才。所幸也有好消息：迅速吸收並處理新事物的能力並不會消失。我們反覆練習的機會是有限制的，

某些事物必須當下就理解，這種「單樣本學習」的現象，在理解過程中極為重要。

條條道路通向腦

　　想在實驗室的環境下研究人們是如何學習的，方法不只一種，我們可以採取各種截然不同的方式提供訊息。這有點像在超市裡提供貨品，其中的「木槌法」（指簡單而粗暴的方法）是大特價：顧客進入店裡，在必經的位置立刻拿到價錢最優惠的特價品價目表。除此之外，也有比較細膩的方法，例如精心安排貨品在貨架上的位置，盡可能讓顧客能輕鬆拿取；或者可以把番茄肉醬擺在義大利麵條旁邊，顧客就能一次購買所需食品。

　　在進行心理學上的學習研究時，如果轉用這些方法來提供訊息，那麼特價品法就是「外顯學習」（explicit learning）：研究人員給受試者觀看某個物體或詞彙，並且盡量使學習詞彙的方法變得簡單；例如給受試者觀看某個不知名的新物品，請受試者記住這個物品的無厘頭新創名稱，然後連續給他們觀看這個名稱和新物品：

　　我們稱這個符號為「Zaftni」：ϑ

　　ϑ—Zaftni

　　ϑ—Zaftni

　　請記起來：ϑ—Zaftni！

進行數遍，中間可以稍事休息，或是利用不同的變化（使用粗體、放大或改變顏色）展示這個符號。這種方式如同反覆練習的傳統型學習法，亦即採用「外顯學習」。這種學習法的優點顯而易見：聚焦在受試者的專注力，沒有任何誤解，目標非常明確，就是「Zaftni」，不浪費任何精力。

此外，如同我們在超市裡將麵條擺放在番茄肉醬旁邊（如果方便拿取更佳），我們也可以在實驗室裡這麼說明學習課題：

這裡有四個符號：A、F、ꓭ、M
「Humna」符號在第三個位置嗎？

外顯學習時，是有人要求我們直接學習要學習的物體；而在上述例子裡，我們必須自己找出來。這種學習型態較不直接，我們必須將「ꓭ」這個符號與其他已經認識的字母做比對。換句話說：我們必須主動思考。這個課題的結尾是一個問號，不是驚嘆號。還有什麼比問號更誘人的？

研究人員利用這種方法來研究被稱為「快速配對」（fast mapping）的現象，畢竟在真實生活中，我們很少採用外顯學習法，反而常常在不經意間學到某件事。儘管如此，「順便學習」就足夠讓我們記住，而且一次的學習體驗往往就夠了。

2015 年時曾進行一項研究，更深入探討這個現象。實驗測試的是，受試者如何記住水果，而且是大家較陌生的水果名稱，例如諾麗果

（Noni）。如果採取傳統的外顯學習法會如何進行呢？最好的辦法就是給受試者看一顆諾麗果並說明：「這是諾麗果。」接著再給他們看一次，之後再一遍，最後要求他們：「記住諾麗果這個名稱！」而在這個實驗中，他們就是對某個測試組這麼做的。至於另一組，他們只給受試者看一遍諾麗果的圖，但在諾麗果的旁邊還放上其他水果的圖片。接著研究人員詢問：「哪一個是諾麗果？」如此一來，受試者就知道圖上這顆梨形、黃斑的綠色果實既不是櫻桃、蘋果，也不是香蕉，應該就是諾麗果了。

這項研究是針對受試者在兩種學習過程中，腦部有的活動，研究出現令人意外的結果：兩組相較之下，第二組受試者的海馬迴活躍程度遠低於第一組，但他們立刻處理詞義的腦區會強烈參與。至於第一組，他們的詞義區要在睡過一晚之後才開始活化。[27]

腦部在進行「快速配對」時，顯然與進行傳統外顯學習時略有不同。在每一個學習活動中，通常都扮演一定角色的海馬迴，在這種情況下並不那麼重要。此外，在外顯學習時，我們必須「睡著」，才能在夜間將學過的內容傳遞到大腦（你應該還記得：海馬迴會為大腦複習重要的刺激），但在「快速配對」法中不一定這樣。

在停止採用傳統型學習法，改用「快速配對」之前，有兩件事我必須說明：第一，在這個實驗中，採用傳統型學習法的人，整體記憶力的表現略佳。第二，其他研究顯示，成人的「快速配對」效果不如兒童。[28] 這一點或許也受到研究如何設計所影響，因為我們比對的不只是諾麗果與櫻桃，也會比對無法相互比較的東西：在第一種情況下，我們必須

專心聚焦於某個事物並記住；在第二種情況下，則須完成某件任務並發現某個東西。

此外，我們注視測試物的時間可能會不夠長，或者會分心、記住其他不相干的東西等。總而言之，這種研究還處於不成熟的階段，而要在實驗室環境中重建這種快速學習的日常體驗也不容易。「單樣本學習」確有其事，而這時海馬迴在其中的角色也許不那麼重要，都是大家公認的。因為兒童學習詞彙的速度非常快，但他們的海馬迴甚至還沒有發育完全呢。

對了，想知道諾麗果是何方神聖的人，我的答案是：諾麗果挺難吃的。我在讀過上述研究後立刻試吃，但這輩子不會再試。我咬了一口，知道它的滋味如何，就將它扔進堆肥桶了，這也算是一種「單樣本學習」吧！

不明顯的轉用

我們在〈2.2 理解的步驟〉已經知道，理解的重要步驟之一在於，能區別不同事物的特質，用以分門別類。例如，攝影空拍機有它所屬的飛行器類型，與一般的飛機或直升機存在顯著差異。由此可見，從一開始我們不僅注意到空拍機是什麼，也注意到它不是什麼。這一點與「快速配對」極為相似，在進行快速配對時我們也發現，諾麗果不是櫻桃。**理解不僅意味著準確儲存並記住訊息，更要巧妙地分門別類，以便將來運用。**

這正是人腦特別擅長的，一般來說，人腦在首次接觸某個訊息時，便開始將它的特性分類並加以應用。如果我們讓一組人看一個外形奇特，叫作「Bosa」的雙頭槌，他們只需看個三、四次，就能認出其他類似，但有些微差異的「Bosa」。[29] 我們不僅學會以某個特定語詞對應某個具體物品，還將這個物品的特質抽象化，創造出自己的思維模式。

問題是：在進行「抽象化」這個重要步驟時，我們會特別注意什麼？有趣的是，我們似乎特別關注和這個新物體直接相關的「特性」，而不是對後續過程無關痛癢的訊息。舉一個具體的例子：請想像，現在你看到一個自己從未見過的物品，我給你三個訊息：

1. 這件物品是 Modi。
2. 最先給我看這件物品的人是我叔叔。
3. 這件物品來自一個叫作 Modi 的國家。

你會記住哪個訊息，並且運用在其他類似的物品上？訊息一是對這件物品最具體且最明確的說明，應該好好記住。訊息三雖然不只針對這件物品，但卻能讓我們將這件物品放到一個新範疇，也就是「來自 Modi 的東西」。訊息二雖然溫馨，但「我叔叔給我看」這個範疇既不新，也並非特別針對 Modi 這件物品。基於這些理由，我們能將訊息一與三移用在其他物品上。

下次當你見到一個類似，但略有不同的物品時：

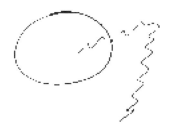

你可能會說，這個也是「Modi」，或者說它來自「Modi」這個國家。至少相關的實驗結果正是如此：有關某個物品的新訊息如果特別明確，我們便會以它為其他物品命名。[30] 如此一來，我們就能迅速（在這個例子裡只需一次）建構新的思維模式，將新概念分類。

「啊哈」懂了的時刻

也許有人會說：「這些實驗都很棒，但它們跟理解有什麼關係呢？」在某種程度上，這正是理解的基礎。將分立的事實並置儲存，是無法整合出思維模式的。思維模式總是始於從事實分離出特定特質，並轉用他處。

為某個新的物品訊息「快速配對」或許不一定有助於增進記憶，卻能使我們的思維富有應變力，因為這種方法有助於建構我們在理解過程中，非常重要的思維模式。換句話說：一開始多加努力，將許多訊息整合成一個模式的人，之後也能運用這個模式，且能輕輕鬆鬆儲存其他新訊息。因為這樣，所以對某種語言具備豐富知識的人，學起這種語言就

較容易。

　　針對成功學習語言特別重要的因素所作的研究顯示：知道的詞彙越多，學習新詞彙就越簡單。[31] 而在學習一種未曾學過的語言時，這種道理同樣適用。例如懂西班牙語、希臘語或波斯語的人，學芬蘭語，也比只會說瑞典語的人來得快。

　　換句話說：**知識創造知識**。因為這樣，博學多聞才變得那麼重要。目的不在於在益智節目中賺到高額獎金，而是為了建構大量的心智模式，幫助我們完成新任務、解決問題。因此，知識總是有用的，即使乍看之下似乎「無用」的知識亦是如此。世上沒有無用的知識，只有「沒知識」（這才是沒有用處的）。

　　在生物化學界，我們可以見到這種稱之為「協同作用」（Cooperativity）的現象，如果將這種現象略作修改，也適用於其他狀況。我喜歡把它叫作「購物車現象」，你應該已經發現，這個章節裡我用了相當多的超市比喻。如果你曾經到某家購物商場停放購物車的地方，注意過購物車的行列，一定會發現，排得特別長的購物車兩旁的購物車列通常特別短，理由是：購物車的車列越長，人們要走到車列末端，把自己的購物車推放進去就越方便。反之，如果旁邊的車列越長，要把自己的購物車推進較短的車列就越不便。

　　知識也是同樣的道理：擁有的知識越多，這樣的人得到的也越多；知識越少，想增添新知識就難上加難。

　　就理解的過程來看，基本上不在於能記住多少訊息，而是我們是否能重新處理訊息，因此這種過程很難再倒退回去。如果我們只是學會了

某個詞彙，也會再度忘記這個詞彙；但如果是自己建構的思維模式，就不會那麼輕易遺忘了。

在針對這一點進行的測試中，許多結果都驗證了這種現象，其中屬於心理學研究領域的經典實驗，便是所謂的「理解實驗」，例如研究人員給受試者三個字，要求受試者加上另一個字補足：

Hand-

-uhr

-rechner

答案很清楚，加進去的字一定是「Taschen」（譯按：Handtaschen 是手提包，Taschenuhr 是懷錶，Taschenrechner 是計算機）。當研究人員向受試者提出這種問題時，受試者表現出來的行為都相當類似：先是絞盡腦汁思考，最後突然出現「啊哈」懂了的時刻。這彷彿是一種大解脫，而當事人也非常確定，自己在這一瞬間解開了這道難題。等受測者找到答案後，如果再向他們提出同樣三個字，他們會立刻知道答案，而這個字謎的吸引力便喪失殆盡了。換句話說：在這一瞬間，他們發展出一種不可逆轉的新思維模式了。

所謂「隱藏的臉孔」（hidden faces）依據觀看的方式可以有不同的詮釋，其道理也相同：[32]

　　大部分的人看到的是一張女性臉孔，但我們如果只聚焦在左側的黑色部分，這張圖也可能是個吹薩克斯風的人。一旦建構了這個思維模式（見到吹薩克斯風的人），就無法再逆轉回去。基於這個理由，魔術師永遠不會透露他們的手法，因為思維模式一旦被揭穿，神奇的魔力就完全喪失了。

　　上述「Handtaschen、Taschenuhr、Taschenrechner」實驗中，還有兩件很有趣的事。首先，這個實驗有點類似「快速配對」實驗的結構：受試者試了又試，比對不同的字彙，答案並非唾手可得。雖然我們只辛苦動腦一次，結果卻更加牢固。其次，這個實驗也顯示，思考時，腦子裡的活動採用了不太一樣的路徑。

　　在上述字謎中，海馬迴在學習新詞彙的過程中同樣沒有那麼活躍，新的訊息（在這裡是指新字，以及受試者如何將這個字與其他字連結）直接在破解字義的腦區中獲得處理。[33] 這一點再次證明，理解的過程與只是快速學習某種新知，二者是有差別的。

　　建構思維模式對理解至關重要，並且受惠於兩件事：第一，如果我們了解某個新訊息的基本法則，要建構其中的思維模式就不難了，例如「Teuro」這個人造語詞（譯按：這個複合詞由德語的昂貴〔teuer〕與歐元

〔Euro〕組合而成，因為德國採用歐元後，德國民眾普遍認為商品和服務的價格大多變貴了）。第二，如果我們立刻運用某個思維模式解決問題，這個思維模式就會變得特別易懂且好記（請參考「啊哈」懂了的時刻）。

　　因此，接下來我們要探討這兩個影響理解過程的重要概念——辨識因果關係與建構模式，並告別「單一樣本學習」這個有趣的領域了。Schadieu！

2.4　到底為什麼？如何辨識因與果

　　2012 年春，在媒體推波助瀾下，有一份報告令美食主義者大感雀躍：「巧克力可能有助於維持身材。」這是 BBC 新聞下的標題。[34]

　　終於出現一項具有實用價值的科學研究了：研究人員針對上千名聖地牙哥（San Diego）居民的飲食習慣進行調查，發現經常吃巧克力的人，身體質量指數（BMI）也較低。[35] 這對一個處處和體重過重奮戰的國家真是一大福音，怪不得各家媒體紛紛作出反應，就連《華爾街日報》（*Wall Street Journal*）也在一段短片中加以報導，並在開頭表示：「至少不會讓人變得更胖！」[36] 天哪，難道我生物化學都白念了嗎？巧克力竟然突然成了維持身材苗條的好幫手？為求公允，這兩家媒體還附上但書：這份研究只是調查食用巧克力與身材之間的關係。然而，這則消息已經問世，再也收不回來了。

　　在大多數人花費十五分鐘不到便瀏覽一則網頁的時代，這也是理所當然的結果，[37] 有誰會仔細閱讀一篇科學報導呢？於是，這篇文章越縮越短，最後只剩：巧克力能瘦身！

　　巧克力能瘦身這樣的假設，應該違反了人類健全的理性，但我們依然落入相關性陷阱，建構原本不存在的解釋。2012 年同樣有另一項研

究顯示，食用巧克力與獲得諾貝爾獎，二者之間存在著相當大的關聯性。[38] 果真如此，那麼巧克力不僅能瘦身，還能讓人變聰明！這種說法實在太令人難以置信，因此這項研究還提出一種較合理的解釋：巧克力所含的類黃酮（Flavonoids）不僅能預防腦部退化，還能提升腦力。這種說法看似對巧克力提升智力的效果提出有道理的說明，其實是毫無根據的。

在一項追蹤研究中，研究人員再次檢視諾貝爾獎得主相對多的國家，結果同樣令人驚訝：諾貝爾獎得主的數目竟然與一個國家中開設的 IKEA 店數相關：[39]IKEA 店越多，諾貝爾獎得主就越多。 關於巧克力為何會影響思考能力這個問題，人們或許能勉強編出有理可言的因果關聯，但 IKEA 店就很難自圓其說了。難道 IKEA 只在諾貝爾獎得主多的國家開店？或者說不定原因正好相反：經常組裝 IKEA 家具的人，要不是原本就天資聰穎，就是他們的認知能力會伴隨組裝經驗不斷提升，而獲得諾貝爾獎便是長期累積的必然結果──如果他們也吃巧克力的話！

玩笑暫先擱一邊。必須解釋事物的因果關係，我們才能對此有所理解。如果無法解釋，那麼我們不過是進行觀察，並且意外發現其中極端荒謬的相關性。更糟的是，只關注相關性的人，會喪失對事實的洞見，這種對事物不批判質疑的態度，最終將我們帶上錯誤的道路。

Google 流感趨勢預測（Google Flu Trends）便是如此。這項數據服務於 2008 年推出，目的在預測流感在不同地區的蔓延過程。這個程式背後的構想是：利用 Google 搜尋常見的流感關鍵字者，本身很可能正染患流感。這麼一來，下一步便可以將德國的流感搜尋與實際通報的病

例兩相比較，並利用其中的相關性推導，流感海嘯會襲捲向哪裡。

這個構想很棒，可惜並不正確。在 2012 年流感大爆發時，這個系統便失靈，因為從搜尋引擎的數據，我們只能推導出相關性，卻無法得出因果關係。Google 搜尋屏蔽（search mask）的自動完成功能，有時會自動更改完成使用者輸入的語詞，從而改變他們原本想輸入的搜尋語詞。或者，當時電視上正在播放可怕的流感紀錄片，於是一夕之間，大家都在搜尋「流感、症狀、治療」。最後結果便是 Google 流感趨勢預測遭到停用。如今瀏覽相關網頁的人，得到的資訊是：這個預測模型正在改進中，但可提供蒐集到的數據供大家使用。[40] 這種辦法好多了，畢竟重點不在汙名化大數據，而是巧用大數據，使我們也能理解龐大的數據量。

以相關性進行思考，經常會封鎖通往真正理解的道路。「預測分析」（predictive analytics）指藉由分析共通點以預測未來，進而從中發大財的商業活動。簡單來說就是：回顧過去，從過去分析未來。

聽起來很瘋狂（畢竟在古希臘、羅馬時代的德魯伊〔Druid，譯按：凱爾特神話中的重要階級，具有穿梭各個神域的能力〕便曾試圖以動物內臟預示未來，結果並未成功），卻大獲成功：2015 年的一項研究顯示，一個人的 150 個 Facebook 按讚，就足以提供分析軟體判斷當事者性格，而且準確度高於他的家人（例如這個人傾向於事先規畫或隨性、樂意合作或爭強好勝）。[41]

三年後，這類分析程式更能從男性的臉型，推斷當事人究竟是同性戀或異性戀者，而且準確度高達 80％。[42] 如果我們提供五張某人的

照片，這個程式的準確度更攀升到 90％。在此僅供大家對照：人類判斷對方性傾向的準確度約 60％。想想看，這將帶來怎樣的後果：在這個世界上，並不是所有國家的人民都能忠於自己的性傾向而不會受到懲罰。如果有人盲目相信某個純粹只是分析臉孔特徵的「同性戀偵測器」，後果會如何？

如今無論是性格、性偏好，甚至薪資，利用我們留下來的數位足跡，都能相當準確地作出判讀。[43] 但這種作法並不是基於理解因果關係，因此了解某些事物為何會以某種特定方式交織在一起，也只是在比較模式而已。

如果我經常上斯圖加特體育俱樂部（VfB Stuttgart）的粉絲網站，並且貼上坎施塔特瓦森廣場（Cannstatter Wasen，斯圖加特啤酒節在這裡舉行）的照片，又對施瓦本（Schwabe）方言感興趣，那麼我住在巴登 - 符騰堡邦（Baden-Württemberg，邦首府為斯圖加特）的機率，要大於我一直住在敘爾特島（Sylt，位於德國北端的市鎮）。這並不是因為有人「了解」我的經歷（因為「了解」的前提是，理解這是怎麼回事），而只是因為其他和我有著類似行為的人，恰好來自施瓦本地區。

自從我和一名 Facebook 數據分析師討論過這件事後，我便開玩笑地對 Facebook 上最荒謬的事按讚：維爾德克多情郎（Wildecker Herzbuben，民謠風流行歌曲的雙人合唱團）、位於德國西北部下薩克森邦（Niedersachsen）的天文學協會，和一個死亡金屬音樂樂團。「漢寧，沒用的。」我朋友說：「演算法會把這些過濾掉。」看來現在甚至能預測不按牌理出牌的人了。

伴隨著資訊量日益擴增，相關性的出現機率也不斷增加，並且阻斷我們對現實的洞察力。從人們的消費行為當然可以推斷某人是否為男性或愛好運動，但人造奶油的人均消費量同樣與美國緬因州（Maine）的離婚率高度相關。[44] 所以我們不該錯以相關性為基礎做決策，否則麻煩就大了（「寶貝，我剛剛買了人造奶油——我們得離婚了！」）。例如 2018 年《財星》（Fortune）雜誌的五百大企業中，只有 24 位女性董事長，[45] 難道這些企業之所以這麼成功，是因為它們的領導階層少有女性嗎？或者恰好相反，雖然這些企業少有女性躋身領導階層，卻還是這麼成功？

過度相信顯而易見相關性的人，並不了解事情的背景，所作的決策也不佳，亞馬遜的情況便是如此。亞馬遜曾經用一款軟體挑選應徵者，問題是，這款軟體是以舊的求職資料訓練而成的，在資訊界中，這些資料大部分來自男性，結果便是：女性沒那麼優秀，因此很快便遭剔除。2015 年，亞馬遜不再採用這款求職軟體，[46] 因為成功的團隊不是因為物以類聚，而是能引進多元視角。這一點是電腦演算法無法理解的，因為它不會對事物追根究柢。

2018 年，自動拋售特斯拉（Tesla）股票的演算法也是如此，它出售的理由是：伊隆・馬斯克（Elon Musk）在推特上表示，特斯拉：「儘管拚命籌錢，包括大量拋售復活節彩蛋……依然徹底破產。」[47] 由於發布這則推特的日期是 4 月 1 日，凡是有點腦筋的人都很清楚，這是一則愚人節玩笑。但演算法可不懂什麼玩笑，因為玩笑違反了相關性，結果自動分析新聞訊息的演算法便在 2018 年的 4 月 1 日，發出出售特

斯拉股票的訊號，導致特斯拉的市值蒸發三十億美元。

　　或許有人認為這種錯將相關性誤認為因果關係的例子很好笑，但這種謬誤卻可能帶來嚴重的後果：與理性思考脫鉤的股市交易額（如今大約 90％的股市交易額是由演算法操控的）、遭受性別歧視的人，以及對流感高峰的誤判等都可能導致社會動盪。

　　由於我們一生中大多利用模式和簡單的因果關係，或許能準確預測我們 98％的人生，有人也能借此發大財；但一旦開始檢視表象背後的實情，思考這些事物彼此相關的原因，剩下來的 2％卻能改變這一切。如果不去檢視（如同之前提到的例子），我們就會如同踩在薄冰之上，危險萬分。

物以類聚

　　世界充滿各種關聯，但我們如何釐清兩者之間是否存在著因果關聯？人腦如何運用策略發現因果關係，從而理解某事何以會發生？

　　剛才已經說過怎樣的作法是錯的，我們必須避免對相關性過度詮釋。同時發生的事，未必表示它們之間存在著因果關聯。不過，一開始我們別無選擇，因為人腦就如同數位的數據分析演算法一般，如果它發現兩個（或更多）事件彼此相關，如果這些事件總是先後發生，最後人腦的詮釋就是，它們彼此具有因果關聯。

　　舉例來說：你看到下面有幾行字母列，而每一列的最後都出現了一個目標字母（在這個例子裡是 C）。

A，H，B —— C
A，A，B —— C
M，K，B —— C
L，H，B —— C

最後我們會認為，C 總是出現在 B 之後；只要這種現象出現得夠頻繁，我們的詮釋就會是，B 不只碰巧出現在 C 之前，B 應該就是 C 出現的原因。

在實驗室裡，我們給受試者看的雖然不是字母，而是不同的圖片或影片，同樣能針對這種行為進行檢測。[48] 這種詮釋可能錯得離譜，例如根據相同的推論，我們也可以主張候鳥在冬季飛往南方，是因為樹葉凋落的緣故；或者夜晚天色變黑，是因為電視機播出每日新聞之故。然而一開始，這種作法對人腦而言非常重要，因為這種作法原則上會篩選出可能彼此相互影響的事件；為了找出因果關係，我們必須界定，哪些事件可能具有因果關聯。但如果不再往下思考，不自我質疑，便會掉進相關性的陷阱。

因此，第一步在於找出可能彼此相關的事件；第二步是測試我們的判斷是否正確。為了達到這個目的，最好的辦法便是操控我們推測具有因果關聯的事件。

在這裡，「操控」是一個很恰當的關鍵詞，因為我們真的必須動手（至少需要動到身體）改變某些事物。在日常生活中就有一個很簡單的例子：演示效應（demo effect）。比如你想啟動咖啡機的卡布奇諾功

能，咖啡機卻沒反應，於是你請朋友看看咖啡機有沒有問題，對方按下按鈕，咖啡機馬上流出卡布奇諾。「怎麼可能！」你會如此驚呼。原因到底出在哪裡？是咖啡機還是在你自己？根據邏輯法則，問題應該在你身上。但我們都知道，有時科技機器會做出多麼瘋狂的事，於是我們就把這種情況歸咎於「演示效應」（世上當然不存在這種效應，這是我們自己發明，用來維護我們的世界觀的）。

曾經有人對十六個月大的幼兒進行過非常相似的實驗：研究人員先給他們看一件按壓時會發出聲音的綠色玩具，接著把玩具交給幼兒。但是在此之前，他們已經對這些玩具動過手腳，現在玩具無法發出聲音了。結果這些幼兒感到很困惑，因為明明是同一件玩具，所以合理的解釋只有一個：問題出在自己，幼兒們會把玩具交給父母處理。但如果交給幼兒的不是綠色，而是黃色玩具（他們不知道黃色玩具會不會發出聲音），他們會先試過幾次後，才伸手抓取綠色玩具。理由很清楚：問題一定出在玩具。[49]

這項實驗有三點值得我們注意：一，這些幼兒年紀還很小，而直到數年前，一般還認為人類要到幾歲大之後，才有能力了解因果關係。但較新的研究顯示，才幾個月大的寶寶就有能力了解。二，少數幾次的嘗試，就能推導出因果關係。三，想要發現因果關係，人們是否主動或者只是被動地袖手旁觀，影響極大。

主動參與對我們是否能理解事物之間的因果關聯具有關鍵性影響。在德文裡我們稱理解、領會為「begreifen」是有理由的（譯按：「greifen」這個動詞有「伸手抓起、握住、抓住」的意思）。

為了了解「begreifen」的本義有多重要，研究人員把近五個月大的寶寶放在桌子前方，桌上擺著彩球，其中一組的球固定不動，另一組的寶寶則能動手玩球。接著他們給兩組寶寶觀看影片，結果只有之前能移動彩球的寶寶，才知道一顆球能將另一顆球撞出畫面。換句話說，他們了解了因果關係。[50] 在沒有人為干預下，如果兩件事同時發生，也可能只是偶發事件。因此，當我們發現吃巧克力的人身材苗條時，這個結果不具任何意義。反之，如果我們讓一組體重過重的人只吃巧克力，結果他們的體重減半，那麼原因應該就在巧克力了。

人類的主動作為是能辨識因果關係的基本原因。[51] 這時我們往往只需少數的樣本，就能以實驗推導出結果。

小心、小心！看到這裡務必多加小心：**小心迷信！**主動操控某種情況，以求發現其中的肇因，這種作法若要有效，必須是其中確實存在某個肇因，否則我們就會自己打造自己的思維陷阱。

請想像，你想要影響天氣，希望能更常下雨，於是你決定跳祈雨舞。每天跳，持續不斷——這樣總有一天當然會下雨。但不是因為你跳了祈雨舞，而是就統計結果來看，德國每三天就會下一次雨，而每次下雨，你就會想到自己不久前跳了祈雨舞。也就是說，你在腦子裡建構出一種因果關係，於是認定自己便是下雨的原因。這種推論自然不對，卻很難將它從你腦中刪除。

有人堅持在重要考試中穿上自己的幸運 T 恤、佩戴護身符，或是在車內掛上補夢網，這些作法也是基於相同的理由。如果有人問，這樣是否真的有用，他們往往會說：「我開車二十年了，因為車內後視鏡的

補夢網，從來沒有發生過車禍。」這樣很厲害，但這並不表示補夢網是安全行車的原因。只不過，許多人都這麼相信，連我自己也不例外。每次參加自行車賽時，我都會特別用同一組別針把號碼牌別在運動服上，因為有一次這麼做，結果成績不錯。我心想，好棒，這些別針可以保我平安──結果在某次參賽時，我椎骨跌傷了五處，此後才把別針扔進垃圾桶。

在尋找事物原因的過程中，我們都充滿執念。如果在某個偶發狀況下盲目亂試，最後我們便會將自己某個無道理可言的行動，與某項外界的結果串連起來。這種自戀的態度使我們變得迷信──然而，我們之所以有能力尋求事物的因果關聯，也正因為有這種想法，這是我們必須付出的代價。沒有哪隻黑猩猩會佩戴護身符，希望藉此能得到更多食物；但也沒有哪隻黑猩猩能理解，香蕉明明自己長在香蕉樹上，為什麼也能用種的。

由此可知，關鍵不僅在多方嘗試，接著看看會發生什麼，而是在嘗試之前必須提出我們想測試的假設。換句話說，我們是以思想和判斷力來做實驗，也就是以自我控制進行推理為目標，而不是為了證實自己的想法是對的。迷信與科學，二者的差別就在這裡。

聰明控制

1747 年，大英帝國銳意成為海上霸主，卻遭遇一個大難題。當時奪走大量船員性命的不是海盜、敵艦或戰爭，而是一種凶惡的疾病「壞

血病」。在哥倫布之後的三百五十年間，有兩百多萬名船員死於這種疾病，而據英國皇家海軍（Royal Navy）估計，在國際水域漫長的海上旅途中，喪命的船員有時甚至高達 50%。該如何控制這種疾病呢？

問題很清楚：歷經三個月的海上航程後，原本健壯的成年男性開始變得虛弱，出血、掉牙，最後失去性命。與這種現象相關的狀況有：國際水域上船隻嚴重顛簸、風大、食物單調、衛生條件惡劣等。更神祕的是，其他生物（例如狗）並沒有出現壞血病，只有船上的人類才會罹患這種病。

當時人們做了許多實驗，試過各種他們認為能治療壞血病的食物，連各種古裡古怪的家庭療法都嘗試了。蘇格蘭醫生詹姆斯·林德（James Lind）採用正確的方法，找出壞血病成因，進而了解到這種疾病：他巧妙控制船上人員的飲食，控制條件，將造成新迷信的風險降到最低。將船上十二名男性（全都患有嚴重的壞血病）分為兩人一組，共六組。在十四天內全都接受相同待遇，住在船上同一個房間，從事相同的活動，吃的食物也相同。但各組接受的療法有別：一組每天喝上滿滿一公升的蘋果酒；一組喝兩湯匙的醋；一組喝半公升多的海水；一組比較倒楣，每天必須喝下二十五滴經過稀釋的醋酸；另一組每天都吃兩顆柳橙與一顆檸檬；最後一組則每天服用林德以芥菜籽、蒜頭、磨碎的植物根部及其他植物萃取物調製成的藥物。一個星期過後，柳橙和檸檬雖然吃光了，但每天都吃柳橙和檸檬的兩人神奇地痊癒了，他們甚至能照顧其他參與實驗的同伴。林德由此推論，治癒壞血病的應該就是柑桔類水果了。

這則醫學史上的軼聞有兩件有趣的事：這是史上第一個在條件控制下進行的科學實驗，因為林德比較的六組只有一個條件不同，他總是精準控制唯一的可能原因。這麼一來，當某一組出現療效時，就能推斷這個不同的條件應該就是原因，也就是說，柳橙和檸檬一定含有某種壞血病患者所欠缺的物質。林德也可以採取前述巧克力實驗中科學家的作法，詳細記錄誰吃了多少、什麼東西，以及何時吃的，而最後他應該能找出這些飲食習慣與船員病況的關聯。如此一來，他或許會發現，吃許多檸檬的人較少罹患壞血病。只不過這種作法耗費的功夫就大多了，最後他也無法確定造成壞血病的原因究竟是什麼。

　　這則故事告訴我們的第二件事是，光有知識還不夠。林德堪稱是個聰明的實驗員，他的科學方法別具劃時代的意義。但可惜他溝通能力不佳，1748 年他返回英國後，記錄下自己旅途中的醫學見聞，這部「巨」著篇幅高達四百頁，而他的英文文筆令人難以消受。其中關於壞血病的實驗，內容只占五頁，而且擺在這本書中間，位置隱密，根本沒有人去讀。而林德本人也被當時眾多的壞血病實驗搞得心力交瘁，未能真正發現壞血病的原因。他雖以柳橙和檸檬治癒了壞血病，卻誤以為壞血病是因為消化問題導致汗腺阻塞所造成。

　　由此看來，如果我們沒有把某個結果好好解釋到底，結局可能就是這樣。一直要到四十年後才有人證明（並且發表）：檸檬是壞血病的救星。而英國皇家海軍也立即調整船上的伙食，大英帝國之所以能晉身海上霸主，這項改變功不可沒。

　　每次有人問我，為什麼要以盡可能淺白的語言闡述科學，撰寫像這

本書的著作時，我都會讓他看看這則故事。當時，林德如果能稍微直白地說明該實驗，就能拯救數十萬條人命。科學不僅是提供我們理解事件過程的技術，也是傳遞知識的方法。

為什麼？為什麼？為什麼？

為了了解某個事物，我們必須知道它們為什麼如此。而唯一能達成這個目的的方法便是——改變事物，看看會發生什麼事。回到幾頁前我們談過的實驗，這裡有幾列字母，而每一列最後都會出現「C」這個字母。

A，H，B — C

A，A，B — C

M，K，B — C

L，H，B — C

如果純粹靠觀察，我們會推測「C」的成因（也就是它前面的「B」）；但唯有主動作出改變，我們才能確認自己的推論是否正確。如果我們改變字母列的順序，結果會如何？比如改成：

K，M，B —

並且發現接下來出現的不是「C」，而是「D」（K、M、B－D）呢？這麼一來，原先認為原因在「B」的漂亮假設就不靈了，於是我們必須思考新的可能。例如，必須在前面的字母中有「A」這個音時（Ha、A、Ka），「C」才會出現在「B」之後；而這個假設也可以用其他試驗檢測。

由此可知，光是仰賴觀察，很難在短時間內明確找出原因在哪裡，主動詰問才是較好的辦法。有趣的是，當人腦要區分原因與結果時，它如何分配其中的腦力勞動？首先，側邊腦區會規畫一種可能對周遭事物造成某種結果的行為；而與此同時，人腦對於事物可能的發展，會形成兩種預期。一，預測動作本身（在腦部的運動皮質，而運動皮質部分位於頂葉區）。二，人腦會提出一種假設，預期我們執行這種行為時，會產生何種後果？接下來我們便執行這個行為，並且將行為的執行結果比對原先的預期。

如果結果與預期相符，我們便認為二者具有因果關聯。如此一來，規畫原因的腦區與辨識結果的腦區，二者之間的神經細胞連結便會增強。換句話說，我們假設了某種原因，基本上我們永遠無法真正了解原因，只是了解事物的相關性。但這種相關性如果能由某人針對特定目的而引發，則腦部的神經細胞連結便會增強，直到我們認為這個人便是事件的原因。[52]

當我們能想像，自己可以主動引起某件事，我們才會認為這是其中的「因」，但這種想法當然不適用於所有事。在人生最初幾年，「想對周遭環境形成基本理解」（例如放開手上的物體，它們便會掉落；物體

不會自己在空中漂浮；水是溼的，夜晚大地會變暗⋯⋯）這種人腦的基本設定雖然是對的，但總有一天我們的雙手會不夠用來操控所有想了解的事，這時我們需要一切問題之母，也就是「為什麼」。

一項英國研究發現，四歲大的孩童老愛向父母提出各種問題，事事追根究柢，平均每兩分鐘便提出一個「為什麼」。[53] 這種作法雖然煩人，卻至關重要。

從這個年紀開始，我們便能在腦子裡模擬他人的行為，這時某種使我們能換位思考的特殊神經網絡會開始活躍[54]，無論我們是自己做某件事、見到某人做，甚至只是想像某人可能在做某事等。這些對人腦而言並沒有太大的差別，重要的是之後我們是否會加以比對：能否判定這個行為的結果，確實是由某件事物引起的嗎？如果是，人腦便會將這種關聯判定為事件的「因」。如果不是，人腦便會繼續嘗試。原則上，只有在某件事物受到我們主動改變時，才能看出其中的因果關係，因此這不是一種認知過程，而是一種操作方法。

如此一來，便會衍生出另一種有趣的觀點：如果說，我們能進入某件事物引發者的角色思考，但又能保有自我意識，這是理解的基本要件，只有擁有意識的生物才擁有理解力。我們是否可能創造沒有意識、但能理解世界如何運作，會思考的機器呢？這個問題暫且留待哲學家與電腦科學家為我們解答，但關於人腦我們倒是可以說：沒有意識，便沒有理解。

不提問，就無法長智識

因此，我們一生中都必須不斷地操作變因，才能理解發生的事。這一點令我們想起前文所談到的：人腦會建構世界的心智模式，將事物分類。這正是理解至關重要的第一步；第二步則是我們方才所說：主動測試這些模式。而實驗、質疑探究、了解事物何以如此等，都能使我們的心智模式日漸鞏固。最後，這些模式會穩固到我們能將它們與其他模式結合——這正是理解的第三個步驟，也是接下來要討論的。

在此之前我要再次強調，主動改變自己的心智模式，並加以測試，這一點有多麼重要。換句話說，唯有這樣，我們才能進入新的角色思考，辨識事物的「因」、理解世界。遺憾的是，今日我們受到的訓練，卻是提出盡可能好的答案，而不是提出好問題。就以智力測驗來說吧，我們必須給出答案，而能最快準確找到答案的人，就能獲得最高分。

我在求學階段遇到的好老師，並不是提供我最佳解答，而是向我提出最佳問題，並不斷鼓勵我質疑、探究的師長。我並不是碰巧在大學讀生物化學，也不是糊里糊塗地進了該科系，三年後才驚呼：「哎呀，我已經在生物化學系念了六學期了嗎？怎麼會這樣？」不，我是自覺地選擇這個科系的。而我之所以這麼做，是因為我帶著一大堆疑問上大學，而且疑問有增無減。所謂科學，就是提出好問題的藝術。

在此我想提供各位一個實用建議：想判斷一位科學家好不好，不是看他是否提供了好答案（現今世界有太多提供答案的人），而是看他是否提出了別人沒有提過的問題。不只科學如此，無論是藝術、政治、經

濟乃至文化，標準都相同。**改變世界的，向來是提出新問題的人**，因為不具批判精神的人，便無法理解事物的道理。否則，我在書中為什麼要不斷提出問題呢？

對了，「巧克力能瘦身」這件事比我們所想的更為複雜。最初的實驗當然只發現常吃少量巧克力的人，他們的身體質量指數會稍微降低，而該實驗對此提出的可能解釋是：表兒茶酚（epicatechin，可可樹所含的物質，能促進新陳代謝）可能是瘦的原因，因為它能促進身體的能量代謝。這種說法確實沒錯，而在餵食老鼠許多表兒茶酚後，老鼠的肌肉供血以及能量轉化確實增強了。[55] 不過，要想達到這種效果，必須吃進大量的表兒茶酚，換算成人類所需的劑量，一個體重五十公斤的人必須每天兩次，每次吃下 115 公克的 90％特黑（蒙著一層粉）巧克力，而且連續吃上兩星期。誰曉得，到時候你是否還能和那些聖地牙哥人同樣苗條？

2.5 | 基模學習：通識教育的意義

　　前文我們針對人腦理解事物的過程提出各種說明，現在就來進行一項小測驗。這個測驗的目的在了解你的思考能力。別擔心，絕對不會讓你難堪。

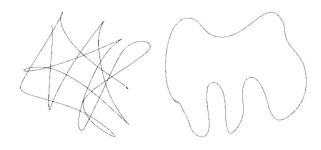

　　哪個圖形看起來像生氣、憤怒？哪個像沮喪、悲傷？你很可能會說，左邊的帶有攻擊性，右邊的較憂傷。

　　你不是唯一這麼說的人，2019 年一項研究顯示，這也是多數人的看法。研究人員要求受試者自己畫出這類圖形時，表達憤怒的圖形平均有 17 到 24 個尖角，表達悲傷的則只有 7 到 9 個。[56] 不只圖形這樣，各種感官知覺也都如此，怪不得重金屬樂團往往採用稜角多且尖銳的字

型；而愛黛兒（Adele）等抒情歌手，專輯封面則偏好圓形圖案。

這種「稜角」甚至能以物理方法測量（測量其頻率變化）；而無論是聲響、語言或身體動作等也都具有相同的現象。語言越平穩且「圓」，就顯得越感傷：即使我們不懂某種語言，感受依然相同。光是在前面的句子裡，把「圓」運用在「語言」概念上，並且理解其中意涵，就說明我們擁有能將世界分門別類，普世適用的思維模式。

普世適用是一個很棒的關鍵詞，因為其他類似的研究也顯示，人類能不受文化影響，形成相近的感受。無論你是在美國內布拉斯加州的奧馬哈（Omaha）或是納米比亞（Namibia）的原住民部落長大，差別都不大。[57]

人腦是建構思維模式的世界冠軍，雖然這種能力我們已經完全內化，它依然是一項重大的心智成就。例如，你見到一隻拉布拉多、貴賓狗和哈士奇，有人告訴你，牠們都是狗。於是你立刻開始建構「狗」這個思維模式，並且運用在新的事例上，因此就算你初次見到蘇格蘭牧羊犬，而蘇格蘭牧羊犬的外型與貴賓狗或拉布拉多差異極大，你也立刻知道這是狗。沒有任何人告訴過你，在你見到另一種沒見過的狗時，需要用到哪些犬科動物特徵。在你見到前述三種狗時，「狗」這個概念可能代表各種意涵，例如：所有長著一條尾巴的動物、有皮毛、有口鼻部位、動物或是有四條腿等。但是，你卻能夠自己迅速建構出正確的思維模式。

這正是理解的本質：**理解不僅僅是重複我們的所見所學，而是能建構某種人們能測試，並運用在其他事物上的思維模式**。你不是學到了

「狗」這個概念，而是理解了，這是不同的兩件事。如果你理解某件事，就能立刻將它運用在新的事物上，這一點正是模式思考的力量、一種心智上的祕密武器。模式思考使我們能以最少的「學習」，擁有思考上的最高應變力。

如果你聽過愛黛兒的抒情歌曲，就能知道音樂裡的藍調是什麼，並且能辨識其他藍調歌曲。如果你知道「Brexit」（譯按：這個字由「Britain」和「exit」組成，指英國脫歐）這個字的意思，你就知道「Breturn」（譯按：這個字由「Britain」和「return」組成，指英國重返歐盟）的意思，這就是理解──迅速建構能運用在各種新情況的思考模式。然而，人腦是如何辦到的？

事事皆相對：理解的數學

想像你是大腦，現在想要建構新的思維模式，而在建構這個思維模式時，只有幾個樣本可供參考，而你的任務則是找出這些樣本的共通點，整合成你能運用在新事例上的思維模式。如果你見到一輛「Opel Corsa」、一輛「BMW X7」、一輛「梅賽德斯 - 賓士 A 系列」和一輛福斯「Passat Combi」你能怎麼做？如何利用這四個樣本理解汽車究竟是什麼？

人腦顯然特別擅長機率計算，它會先估算建構模式的不同方法，挑出最可能的。以汽車的例子來看，我們可以提出三種假說。

假說一：汽車是有四個輪子、一具引擎，用來載人的交通工
具。

假說二：汽車是有四個輪子、一具引擎、最多五個座位的交通
工具。它由一人控制方向盤，有車頂、一個行李廂，三至五扇
能開、關的門和一條排氣管。

假說三：汽車是一種交通工具。

如果現在我們看著前面提到的四種汽車，並且聽到「汽車」這個語
詞，那麼假說一與二的可能性最高。如果「汽車」泛指所有交通工具，
那麼在前述樣本中，我們不可能只碰巧見到 Opel、BMW、賓士與福斯
汽車，卻沒見到自行車、公車、卡車或滑板車等交通工具吧？畢竟交通
工具並非只有汽車。就這個觀點而言，認為「汽車」這個概念泛指所有
交通工具的假說，是最不可能成立的。

假如我們改變觀點，結果就不同了。一種假說解釋的事越具特殊
性，這個假說就越不可能成立。就這一點來看，假說二是最不可能的，
因為它的針對性特別強。有四個輪子、一具引擎的載人交通工具，要比
還有方向盤、車頂、行李廂，三至五扇能開、關的門和排氣管的交通工
具多得多。因此條件越普遍的假說，越可能成立。

現在我們將這兩種考量加在一起，有時假說三，有時假說二極不可
能成立，只有假說一無論在何種情況下，都極可能成立，因此假說一是
皆大歡喜的中庸之道。而人腦也最可能建構這個思維模式，從而推斷：
汽車指有四個輪子、一具引擎，用來載運人的交通工具。這個定義並不

完善，因為汽車還有其他我們會注意到的特性。但無論怎麼說，想要借助少數樣本推導出普遍適用的思維模式，確實是很棒的第一步。這個例子背後用到的數學不過只是機率論（probability theory）罷了，而我們進行的幾種考量也能以貝氏推斷（Bayesian inference）這種數學模型概括。[58] 有關貝氏推斷的詳細公式在這裡就不多說，簡單來說就是：人腦很可能會進行一種機率計算，判斷哪些模式特別合理；這些模式不該過於特殊，但也不該過於普遍。

如果這種說法正確，有人可能會說：「人腦不過是一部計算機率的電腦。」因為，電腦同樣必須計算共通性與機率，進而建構思維模式，而這正是人腦在做的。但人類還擁有更多辦法，例如我們不僅依據統計上的機率，也以非常極端的現象為依據。例如，看到五隻獵豹在奔跑，第一隻以驚人的速度衝過熱帶莽原，展現短跑之王的雄風，其他獵豹的速度則一隻比一隻慢。其中一隻跑得還算快，但最慢的只是徐徐走著。那麼，如果你想畫出最棒的獵豹，你會選擇哪一隻？你一定會選跑得最快的，因為跑得快正是獵豹的特徵。如果你想在教科書上展現典型獵豹的樣態，會選哪一隻？同樣會選跑最快的，因為牠最能展現獵豹的型態嗎？或是你會選擇速度中等的，因為牠最能代表一般獵豹的形象？有趣的是，六歲以下的孩童會選跑得最快的，成人則偏向選擇速度中等的。[59] 畢竟，最典型的狗也不是叫得最大聲，而是叫聲最能代表狗的。可以說，我們是在建立所有獵豹、汽車或狗的「Best of」，並且從中建構出思維模式。

基於這個道理，在畫汽車時，大家的作法都很類似：我們會畫出汽

車側面、兩個輪子、引擎蓋、行李廂、兩扇門、車窗和車頂。世上沒有哪輛車是這個模樣的，但我們卻將自己心中汽車的典型外觀整合成一個基模。這種萃取事物的典型特質，整合成一個基模，並且將這種基模運用於新事物的能力，稱為擷取要旨。

人腦需要新的途徑

有趣的是，人腦在進行基模思考時，採取的思考路徑似乎不同於傳統型學習。如果我們採用類似記憶遊戲的方法來訓練人們，什麼東西位在哪裡，這個時候海馬迴會立即啟動，開始針對圖像位置進行訓練，直到大腦（也就是額葉〔Frontal Lobe〕下端）記住這些位置。但是經過幾星期或幾個月後，這些腦部活動會逐漸轉向其他腦區，於是我們不僅準確記住記憶遊戲的圖像，也記住這些圖像的所在位置，以及圖像彼此的相對位置。換句話說，我們建構了記憶遊戲的位置基模，但是在這方面，海馬迴的作用顯然不再那麼重要了，重要的是負責字義或空間處理的腦區。[60]

上述說法也符合現今對大腦基模（或者它們是在哪裡形成）所做的解釋：基模並非位在腦部的某個位置，而是某些腦區的互動方式。這時人腦會利用適合的腦區檢索功能「Who is Who」（準確來說便是後壓部皮質〔retrosplenial cortex〕、顳中迴〔middle temporal gyrus〕、顳上溝〔superior temporal sulcus〕、顳頂交界區〔temporo-parietal junction〕及前顳葉〔anterior temporal lobe〕）。如果你忘了這些腦區的名稱也沒關

係，只要了解它們合作的基本模式就行了。

　　這些腦區共同建構經驗的記憶，發展空間想像力、換位思考及分辨字義等任務，簡單來說，就是我們建構合理基模需要的一切。這些腦區都位在腦部側面與後方，並且由額葉協調合作。當這些腦區活動整合起來，便會在腦部建構出基模。[61] 在我們見到某個新訊息時，如果這個訊息與某個基模非常匹配，腦部便會接收得特別快，而且不太需要動用海馬迴。

運用基模理解

　　在簡短介紹人腦深處的運作後，再返回現實生活。只要我們懂得善用基模思考，人腦便能展現非凡的記憶力。在此借助一個簡短的例子加以說明。請你把下面的語詞聯想背起來：

老師 ─ 教室 ─ 學生 ─ 黑板

樹木 ─ 石頭 ─ 房屋 ─ 布料

　　接著繼續往下讀，等一下我們會再回到這些語詞。

　　基模具有一大優勢，讓我們能利用少數樣本推斷出全局；但與此同時，我們也必須付出代價：我們對全局了解得越多（也就是建構基模），記得的細節就越少。

　　舉例來說，你在餐廳用餐後感到噁心不適，於是我們的腦部就像在

前一節所說，開始尋找某種因果關係，而所有人為改變都可能是造成噁心的原因。你心想：問題出在喝酒過量嗎？還是淡菜湯？魚？你在這家餐廳用餐的次數越頻繁，就有越多樣本供你建構基模。如果你每吃淡菜就會噁心不適，你的結論便是原因出在淡菜。有人曾經在實驗室模擬這種情境（不過是以電腦螢幕模擬，並沒有真正使用淡菜，也沒有真的噁心不適），進行類似實驗，結果和預期相符：樣本越多，越能辨識原因，進而建構基模。但受試者對他們用以建構基模的個別樣本，卻無法再清楚記得。[62] 真實生活中情況也類似：如果問題出在淡菜，我們就該避免食用淡菜，至於吃的是淡菜湯、淡菜沙拉或烤淡菜則不重要。

好的基模是以許多樣本建構出來的，但我們無法牢記所有樣本，因此必須作出抉擇：要麼是記得不那麼清楚，但能建構鞏固且普遍適用的基模；要麼是建構的基模不穩定，但記憶清晰。二者只能擇一。

透過基模思考我們能將事物概化，超越個別的樣本來思考。說到這裡，讓我們再回到前面提到的語詞鏈，你記得其中哪些語詞呢？

老師 — 教室
老師 — 學生
樹木 — 石頭
樹木 — 房屋

如果你的思考方式和大部分的人一樣，那麼「老師—教室」（因為這與基模非常切合）的組合，對你而言特別好記。 也許你也會想到

「老師—學校」的組合，雖然這裡並沒有出現這種搭配。反之，對於與樹木相關的聯想，我們就沒那麼有把握，因為我們已經有了「老師」的基模，但還未建構「樹木」的基模。在實驗室進行的類似實驗再次顯示，我們可以更快接收與既有基模連結的新訊息 63，而且速度之快，海馬迴甚至極可能完全未參與。

新訊息似乎即刻且直接整合入大腦的基模思考，而且我們的思考有時甚至超出原有範圍（例如雖然沒有「老師—學校」的組合，我們卻會形成這種聯想）。但利用相同的方式，也能發展出運用某個基模的更多可能：給人們幾個樣本，由他們自行組建出一個思維模式，便能請他們產生符合該模式的新樣本。這個過程發生在電光石火之間，不必事先花時間訓練他們。64 這一點正是人類理解力的優勢。

這一切的目的是什麼？

仔細閱讀這個篇章的人，想必已經注意到「基模」和我們在前面篇章討論過的「因果型思維模式」，二者的差別並不大。大體上來說確實如此，因為我們必須利用個別的樣本推論，才能建構基模。不過，基模的作用並不只是簡單理解因果關係，還能連結不同的基模。這時候，辨識意圖或事物的目的就非常重要，而人類甚至幼兒，已經是這方面的高手了。

一項針對一歲半幼兒所做的研究中，便能了解人類多麼擅長辨識意圖。測試者將衣物吊掛在晾衣繩上，並且故意讓晒衣夾掉落，假裝撿不

起來。這時幼兒會站起來（請注意，他們才十八個月大，還不太會說話）望著測試者，彷彿想確認測試者想要什麼。接著，他們會撿起晒衣夾交給測試者，而且不需要對方明確請求，也不是因為他們之前便認識測試者，或是因為這麼做會得到獎賞。另外，他們也能辨別測試者是故意將晒衣夾扔下去，還是失手掉落，而只有在晒衣夾失手掉落時，幼兒才會幫忙。[65] 我們也許認為這只是一項很簡單的行為，但別忘了，在那當下需要多少認知過程：幼兒必須知道另一人有著某種意圖（想撿回晒衣夾）；還有，如果自己採取另一種行動，就能解決這個問題。

這種**模擬及理解他人意圖、了解問題所在、計畫解決辦法並主動採取行動等，都是目前機器人或電腦系統還做不到的**，沒有任何機器能以人類的立場思考。

人類卻辦得到（黑猩猩很可能也會，因為在上述實驗中，牠們同樣會對人類伸出援手）。想做到這一點，不只要能思考某人為什麼做某事，也必須了解他這麼做的意圖。如果我們詢問某人為何做某事，或者某件物品能如何應用，我們便開始計畫並規畫未來。反之，「為什麼」這樣的問題則著眼於過去。

你還記得攝影空拍機的例子嗎？我們當然可以問，空拍機為什麼能飛上天？針對這個問題可以回答：因為引擎驅動螺旋槳，螺旋槳形成的氣流會使螺旋槳上端壓力變小，將空拍機往上拉。這個解答很棒、很好，但如果我們問，空拍機飛上天要做什麼？我們就能更迅速理解空拍機的概念。針對這個問題可以回答：這樣可以從空中拍照。於是，我突然可以將這個概念轉用到不同的飛行器，研發出新型攝影空拍機。最重

要的是，它會飛、會拍照。

如此這般，我們能非常快速地理解某件事物的作用，並且將這種思維模式轉用到其他事物。桌子的用途是什麼？是為了在上面擺放物品；於是，就能研發出各種形狀與設計截然不同的桌子。

或許只有在兩種情況下，這種「為了什麼目的」的問題才會無用武之地。一是自然科學，這個領域只適用「為什麼」。我們無法詰問，長頸鹿的脖子為什麼那麼長，因為世上並沒有一個「大自然之母」在安排讓長脖子方便啃食高處的植物。大自然不帶任何目的、意圖，但有道理可言。長頸鹿的脖子為什麼那麼長？因為脖子較短的長頸鹿繁殖的數量較少，最後只有脖子長的存活下來。在科學領域裡，「為了什麼目的」的問題無用武之地。[66] 同理，德國稅法這個重要領域，情況也相同。不久前我曾請教擔任稅務顧問的朋友，不同的結算為什麼適用不同稅率，其中有什麼含意。他以電子信件回覆：「營業稅法早就沒什麼道理可言。」此言不虛。

一無所知的人，就得事事 Google

教育的任務不在讓人儲存大量訊息，更重要的是，讓人能建構有助於解決新課題的思維模式。現今我們活在快速且便利取得訊息的世界，卻往往低估前者的重要性。我們相信任何問題都 Google 得到，卻因此喪失了概念性思考與理解因果關係的能力。換句話說，一無所知的人，就得事事 Google。

或許有人認為，這是一種文化悲觀論（而我一點也不悲觀），而科學界對於人類智識的發展，看法同樣不太樂觀。學界對人類知識的研究已行之有年，1980 年時，托馬斯・尼爾森（Thomas Nelson）與路易斯・納倫斯（Louis Narens）設計了一份收錄三百多題的測試，問題涉及的知識領域相當廣泛（包括地理、生物、藝術、文化等），並分成不同難度，因此被視為是「黃金標準」，運用在眾多心理學研究中，用來檢測學習與記憶能力。[67]

從 1980 年至今，時代自然不同了，因此數年前有人重新實施測驗，想了解原先的問題，有哪些是這 650 名受試者還知道的，以便調整題目，使題目適合目前的追蹤實驗。[68] 結果頗令人震驚，這些平均二十歲的受測者，知道有黑白條紋，外表與馬相似的動物叫作「斑馬」的人，總算還有 93%（我對其餘 7% 的人有何想法更感興趣），在答對的題目中高踞榜首。而 1980 年時，「巴黎」是法國首都的正確作答率還排名第六，32 年後則跌到 23%（73% 的受試者答對）。與首都相關的問題表現向來不佳，知道匈牙利首都是布達佩斯的人還超過 3%，但有21% 的人以為布達佩斯是……印度的首都。知道丹麥首都是哥本哈根的人不到 3%，但有 79% 的人宣稱，巴格達是阿富汗首都，而 26% 的人以為布宜諾斯艾利斯是西班牙首都。既然這樣，那麼有超過 60% 的人以為南美洲最長的河流是尼羅河，也就不足為奇了。此外，12% 的人認為法國的貨幣是盧比，29% 的人以為太陽系最大的行星是太陽，而三分之一的受試者則表示，世上不會飛的鳥類，以企鵝體型最大。

或許有人會認為，這是文明社會的沒落；但我們也可以懷疑，那些

肯塔基州立大學、俄亥俄州的大學新生素質到底如何。這項調查肯定無法反映全體國民的狀況——儘管我們對大學生設定的知識標準高於一般國民。當然我們也可以反駁：那又怎樣？又無所謂，反正答案很快就查得出來。

但研究顯示這並非無所謂，學識淵博的人學習新知也快多了。2019年一項研究顯示，具備豐富基本知識的人，腦部連結特別密集。[69]我們當然可以追問，是因為他們腦部的連結特別密集，才記得住許多新訊息；或者是豐富的知識增進了腦部的連結（關鍵詞：相關性與因果關係）？很可能二者皆是。由此看來，常識會成為某種「心智啞鈴」，鍛鍊大腦建構思維模式並加以運用。

另一項優點則是：我們較不容易受到錯誤訊息與假訊息欺騙。最常見的操控手法稱為「真相錯覺效應」（illusory truth effect），錯誤的訊息重複次數越多，就越可能被當成是真的。這種思維邏輯上的錯誤，不僅被人運用在政治宣傳，更常用於行銷。[70]如果有人宣稱，廣義相對論（General Relativity）是牛頓（而非愛因斯坦）提出的，只要我們聽到的次數夠多，最後我們很可能就會相信。想要對抗這種效應，唯一的有效工具便是通識教育；特別是保護年輕人，因為他們更容易受到真相錯覺效應誤導。

有人曾經針對通識教育對抗拒假消息的影響進行研究，結果顯示：年紀較長的受試者較信賴自己的知識，年紀較輕的受試者則較易受到好記易懂的假訊息影響。[71]如果我們聽到一種具體陳述（例如：智利的首都是利馬〔Lima〕），則年輕人的反應較不假思索：「利馬是南美洲的

城市，智利也位在南美洲，所以可能沒錯。」年長的受試者因為知識較廣博，比較不會這麼快下定論。簡單來說就是：知識有益。而教育的意義就在這裡。**教育不是為了將來能準確無誤地提取一切訊息**（這是其中一個正面的「副作用」），**而是避免我們受假訊息傷害**，協助更快建構新知識，並且將這些知識運用於新的情況。因為一無所知的人，就算有Google 可用，也無法理解。

通識教育的意義

以今日追求效率的觀點來看，我從前上的學校已經落伍。我們學了拉丁文（一種死語言）、康德定言令式的三種形式，讀《老婦還鄉》（*Der Besuch der alten Dame*，編按：瑞士名劇）或莎士比亞的戲劇作品。我算過多項式函數，探討過德意志帝國的三級投票制（Prussian three-class franchise），做過鹼金屬與鹼土金屬實驗。但是，我沒有在學校學過如何填寫報稅申報單、租屋合約必須注意哪些問題，或是如何預訂最划算的飯店等。

我很慶幸自己接受的教育，因為我學到的內容重要多了，那就是「如何理解」。教育不只是職業培訓，教育的目標在教人建構「理解」（也就是思維模式）的能力。當然，偶爾也得調整教學內容，但一味要求課程要符合時代潮流，是誤解了教育的責任。

舉一個具體例子，在當前的各種討論中，「程式設計」是最常被要求納入學校課程的「新」科目（至少要在教學上加強）。這種要求本來

沒什麼不好，但創造未來的人，並不是只擅長程式設計的人。恰好相反，未來電腦系統如果變得比現在聰明得多，電腦就能自己寫程式，到時候程式設計這一行就沒落了。但能思考該設計什麼程式，以及知道能用程式做什麼的人，卻不會遭到淘汰。

在我認識的程式設計師之中，最傑出的設計師從小就擅長用樂高積木創造自己的騎士城堡、海盜世界或警察局，因此培養出創造新構形模式的能力。在他們的腦子裡有圖像、有目標，不只想要完美運用科技。因此，為程式設計而設計程式是沒有意義的，沒有誰在上過一堂Facebook 原始碼的程式課後（如果能弄到手的話），就能了解讓這個社群媒體的搜尋介面如此友善的心理學方法。

但如果想提供程式設計的概念，也就是借助電腦程式構思解決方案，那麼就學「Python」和「C++」吧！在學校學過西班牙語的人，三十年後也許還能在巴塞隆納點一杯咖啡，但三十年後，現在的「Python」就解決不了任何問題了。除非我們理解程式設計的意義，才能以更開放的態度面對新科技。

這一點和歷史課有點類似，熟悉歷史事件的人，能從中推導出一種基模，了解人類為何一次又一次地發起毀滅性戰爭。而了解這個道理的人，無論現在或將來，都能運用這個思維模式，更清楚戰爭的徵兆，並知道災難性的後果是否即將來臨。程式設計的情況也相同，重要的是了解程式設計的概念，而這種概念與樂高積木的關係，要比我們所想的更為緊密。

在我開車前往位於法蘭克福的研究所時，總會經過一家樂高店，並

注意到目前的發展趨勢。這家商店櫥窗展示的不是騎士城堡、海盜船或警察局，不是那些我們在孩提時代盡情神遊其中的想像世界，而是一輛「Bugatti Chiron」超跑或美國帝國大廈（Empire State Building）的模型。記得小時候我曾經用樂高積木做出淋巴結模型，玩起「免疫系統」遊戲（我知道我是個瘋子）。而現在，人們則照著說明書組裝別人發想出來的具體模型。這種作法不僅無法培養兒童的創造力，還扼殺了所有的好奇心。

如果我們把這種想法套用在教育上，就等於終結了人之所以為人的特質：富有創意的前瞻性思考，並且利用各種部件想出新模式。我們反而支持「模仿式思考」，支持對他人的思想產物進行高效了解。這種作法會令人變得被動又缺乏動力，最後創造出充斥著「再製造者」、缺少「前瞻性思考者」的社會。偏偏這種現象，發生在一個仰賴新點子與工程技術成就的國家。

當然，一些說明、指引也相當重要，畢竟不是人人都能創新求變。比如我就永遠不可能想出定言令式，我需要有人告訴我，定言令式是什麼，而且對方必須非常清楚、明確、很有組織結構地指導我（康德應該會很開心吧）。儘管如此，我們還是應該給人們自由發揮的空間。了解康德如何定義「尊嚴」，我們就能說明吃動物是否合乎道德的理由。因此，重要的是巧妙的交互作用：無論是帝國大廈或騎士城堡的模型都有說明書，但組裝好的帝國大廈我們會收進櫃子裡，騎士城堡則會拿出來賞玩。

在這裡我要說說一件相當諷刺的事，現代的創意工作坊總少不了

「樂高認真玩」（LEGO® SERIOUS PLAY®）的課程。且不說「認真玩」這個說法本身充滿了矛盾，在這種課程裡做的，正是在現今商業生活中日漸遭人遺忘的——發想出新的、與眾不同的東西，再和其他人用樂高積木聯手完成。換句話說，在課程裡我們再度嘗試小時候常做的事——改變世界。

因此，我大力支持**廣博的通識教育**，唯有這樣，**才能發展無法Google 的東西**，也就是理解事物的因果關係。如果基模確實是人類理解事物的重要基礎，那麼我們的教育就應該以如何成功建構基模為基本導向：利用許多樣本，探求事物的因果關係，並應用於新現象上。因為「理解」是處理訊息的能力，而不是儲存大量的訊息。

你還在學，
或者已經理解了？

畫風差異：三種理解的技巧

幾年前，我曾經和三歲的鄰居小朋友一起在花園裡踢足球，一個不留神被球門網纏住。我高喊：「慘了，我出不來了！」「沒問題！」小朋友大聲說：「你等一下，我去拿我的液壓鉗！」站在一旁的孩童媽媽告訴我，液壓鉗是消防隊用來撬開遭擠壓的車門，救出夾在車內人員的工具。

聽到這番話，我腦海裡立刻浮現好幾個問題：他要去哪裡拿液壓鉗？他真的能用液壓鉗救我嗎？還有，他到底都在玩些什麼鬼玩具？難道他整天都玩著液壓鉗、消防剪、滅火器和消防斧頭？還有，他是否可以證明自己真的了解正確的操作方式（他爸爸是消防員），才被人派來救我這個笨蛋脫身的？大概不會吧，比較可能的情況是，他在聽過一些說明後，知道液壓鉗是什麼東西。

當然，他拿來救我的工具不是真正的液壓鉗，而是幾件在沙堆玩耍時用的玩具。他很內行地用這些工具把網子撐開，還我自由，可見他確實理解液壓鉗的原理。而一旦了解個中原理，就算沒有重達數公斤的液壓鉗，也能以其他物品達成目的。

或許這只是個小插曲，但這則插曲清楚傳達了思考的最高等級：利

用少數樣本（我想，在我這個小鄰居的兒童房裡，大概不會有幾十把鉗子和鐵剪）我們便能如同本書〈2.3「啊哈」懂了：一看就懂〉介紹的單樣本學習，概化出其中的原理，這種認知能力稱為「歸納學習」（inductive learning）。問題是：這種情境學習是基於什麼道理？還有，如何培養這種能力？

請想像，你必須學習分辨三名藝術家的畫風。你會怎麼做？逐一觀察他們的作品：先觀察第一位藝術家的幾幅畫作，休息一下；接著觀察下一位藝術家的作品，如此這般進行嗎？或者，你會前往博物館觀畫？又或者，你會試著臨摹他們的作品？一般人偏好以「組塊法」來學習：先大量觀察某個藝術家的作品，接著再看下一位。然而，這是最理想的辦法嗎？

曾經有科學家利用實驗探討這個問題，他們提供受試者兩種辨識畫風的學習法：第一組以一次又一次的組塊學習，辨識不同藝術家的風格；第二組則交替變換著觀看不同畫家的作品，休息一下，接著再次交替觀看他們的作品。結果，這種交叉學習法（interleaving）的成效非常耐人尋味。經過這種訓練後，第二組能正確分辨一幅未曾見過的畫作屬於哪位畫家的作品[1]，第一組受試者則主要記住畫作本身，但沒有真正理解它們的風格。由此可知，一般認為組塊法學習效率高，實際上成效並不佳，這一點顛覆了一般的理解。因為其他實驗顯示，在實驗進行期間，有將近四分之三的受試者認為組塊式學習效果較好，甚至在他們完成最後的測驗，對這兩種學習法的效果應該更加清楚時，他們的想法依舊沒有改變。[2]

聽起來或許相當矛盾，但越是迷惘、混亂，理解得便越好。理由很簡單：若想建構普遍適用的思維模式，我們不僅需要知道某件事「怎麼樣」，也必須知道它「不怎麼樣」。當受試者交替變換著觀看畫作時，他們不僅發現某人是怎麼畫的，也同時能夠發現他的畫風與其他畫家存在著哪些差異。而**理解事物的最佳方式，向來是跨越其間的界限**，因為這樣我們才能知道，哪裡是某個思維模式的終點，或是另一個思維模式的起點。

這種學習法稱為區別對比理論。透過分辨差異（專業說法：discrimination），我們可以將不同的概念相互比對，進而推論這些概念是如何構成的，並且將它們運用在新的情境上。這種原理不僅能成功辨識繪畫風格，在解數學題[3]、心理學案例研究[4]，甚至運動技能的學習等方面也都成效斐然。

舉例來說，在進行籃球訓練時，我們可以針對各種投籃動作進行組塊訓練，直到受訓者練到精熟。也可以將各種投法（胸前、頭頂上方、單手等）交替練習，這樣效果反而好多了。如此一來，不僅能更快學會這些動作，在面對新的戰況時也能運用得更好，而且是憑直覺地迅速應用。[5] 只不過，捍衛傳統學習法的人士堅信，把所有東西都「捆」好，一大塊一大塊地處理，才是黃金之道。

為什麼在學習過程中，許多人都覺得組塊式學習效果較佳？原因是，一開始這種方法效果確實較顯著。例如當受試者必須用計算法處理具體問題時，利用組塊式學習法的表現特別好，只需練習幾次就不會再犯錯。反之，利用交叉學習法的人在學習期間，十題只做對八題。但隔

了一天之後，交替、混合學習組與組塊式學習組相較，前者還能答對近80％，後者的表現則較差，僅答對不到40％的題目。[6] 由此可見，交替接收訊息是造成這種差異的原因。交叉學習不只學得較快，也更能將所學運用在新的任務上。

這就像我鄰居的小朋友玩著各種不同的玩具，從而迅速理解各種工具的作用。交替、混合學習的人，最後的收穫更加豐碩。只不過，這種事說起來簡單，實際上想擺脫這種組塊式迷思卻很難。

理解的技巧一：自我挑戰！

想要理解事物，必須將它們相互參照。這個道理適用於繪畫風格，更適用於心理實驗室以外的真實世界。我們往往將自己限縮在習以為常的思維模式，尋覓事物的共通性而非差異。問題是，在現今這個社群媒體成為主要訊息來源的時代，這種態度對我們的理解是否會帶來影響？為了探討這個問題，研究人員聚焦在訊息行為南轅北轍的兩組人：科學迷與陰謀論團體。

當他們檢視兩組之間的差異究竟何在時，得到的結果是：這兩組的社會動學（Social dynamics）比我們所設想的更為類似，無論科學迷或陰謀論者，他們的發言與分享的內容，都以是否符合自己的觀點為標準。[7] 但在研究人員將五萬多條「揭露假訊息的貼文」（揭露常見但錯誤的訊息，並說明正確觀點）發給不同 Facebook 社團時，科學迷與陰謀論者，兩種社團則出現不同的反應，只有科學迷社團對這些更正的報

導有反應，陰謀論者則大多漠視這些報導。根據這一點我們似乎可以說，這些科學迷至少還有自我質疑並修正的能力。

然而，當研究人員進一步研究時卻發現，兩組人之中，對修正報導有反應的，呈現的都是負面反應。由此看來，社群媒體顯然令人深陷「組塊思考」之中，就連原本應該了解「自我質疑」法則的科學迷，也不再以自我批判的態度進行反思。不只如此，他們還更強烈地受到自己所屬群體的內容影響，愈加肯定自己的世界觀。結果更正的報導效果適得其反，反而鞏固他們的象牙塔，而不是開啟他們的思想大門。

這種危險我們必須密切關注。在日益複雜、問題多樣的世界，我們很容易喪失綜觀全局的能力，所以我們會尋覓類似的，而不是積極面對差異。然而，組塊式學習與思考使我們容易犯錯，難怪推特上散播的錯誤訊息，數量是正確訊息的上百倍。[8] 但問題不在媒體，而是我們在媒體中仍舊依照自己的偏好生活：渴求他人贊同自己的觀點。

我們雖然誇耀自己活在文明、創新且多元的知識社會，但今日最具價值的企業，它們的經營模式的基礎卻恰好相反：安逸地待在自己的想法裡，盡可能少質疑。

基本上，我們的世界處處都建立在這種「組塊式思考」之上，因為這讓人感覺良好。亞馬遜建議我們購買之前買過的最類似書籍，但「購買過本書者討厭的書」豈不更有意思？又或者，Google 大神（偶爾）能根據這種法則運作：「這一點也不符合你搜尋的問題，但我們還是顯示給你看」？可惜這麼做是賺不到錢的。於是，**一個不留神，我們就在新媒體的推波助瀾下，把自己訓練成偏執狹隘的人了。**由於新媒體的緣

故，最後我們會忘了如何分辨、測試自己的知識差異與界限，進而拓展我們的知識領域。

例如，我們認為網路上什麼都查得到，但實際上找到的，只是和我們最匹配的。但如果買一份報紙閱讀，那麼我花三歐元買到的，是在其他地方幾乎永遠讀不到的訊息。我花這筆錢買到被網路演算法擋駕，根本到不了我這裡的訊息。本書提到的故事和插曲，幾乎都不是我在網路上看到，而是藉由和他人談話或閱讀書籍、報章雜誌得知的。這並不代表我拒絕使用網路，恰好相反，我經常一連好幾個小時掛在網路上研究（並蒐集本書最後附上的參考資料），但**好點子的核心往往來自線下的世界**。

休息的力量

你是怎麼幫植物澆水的？應該是規律地澆上少許水吧。假設室內植物一個月需要十公升的水，如果第一天你就將十公升的水全部倒進花盆裡，效果便會適得其反。這麼多水，土壤可能無法完全吸收，於是水會從盆子裡流出來，在最糟糕的情況下，根部甚至會腐爛。然而，我們往往採用這種方式學習：盡可能快速地灌進訊息（而且如同剛才所讀到的，將類似的主題「捆」在一起）。這種作法在我們身上，效果就如同浸泡太多水的植物。

我們雖然不會發生根部腐爛的後果，但一大部分的訊息卻滿溢出來，根本無法吸收，而留下來的訊息我們也沒有時間有條理地消化處

理。在這種情況下，我們如果能脫離資訊氾濫的苦海，忘掉這一切，我們反而會萬分慶幸，怪不得考試過後許多人便「腦袋空空」，我們不僅甩掉知識，也甩掉惱人的學習壓力。但這麼一來，也就沒有留下任何東西了。

因此，學習時絕對需要休息，這在學界稱為「間隔效應」（spacing effect）。我們對間隔效應的理解已有相當的歷史，這種觀點最早在一百三十年前由德國心理學家赫爾曼‧艾賓浩斯（Hermann Ebbinghaus）提出，之後並由許多實驗證實。[9] 類似於我們為植物澆水：如果考試在一個月後舉行，而你有十個小時的準備時間，那麼以每星期學習兩個半小時效果較佳，而不是在考試前一天一口氣複習十個小時，因為神經細胞需要一些時間調適刺激。

在此提供各位一個好建議：每兩次學習之後應該休息多久，要視什麼時候考試而定。大體說來以一：五的比例為佳，也就是以從現在起到需要使用訊息時有多少時間為準，而休息時間的長短以總時間的 10 至 20％最理想。如果你希望十天後還能記住所學的內容，那麼就該安排一、兩天的休息時間。而如果想在一年後還能記住學習的內容，則休息時間加起來，最多可達兩個月。[10]

看來，休息似乎挺不錯的。但休息也有助於我們運用所學，將所學轉用到新的情境上嗎？對此有人做過研究，研究人員為心理學系的女學生和少數男學生，提供氣象學基礎課程的速成班。由於雲的型態與大氣動力學鮮少是心理學的授課內容，因此是大多數受試者未曾學過的。其中一組學生要在上過課的隔天，利用網路課程將重要的氣象學訊息再複

習一遍，另一組則是在八天後才利用網路再次複習課程內容，而兩組都是在三十五天後接受測驗。結果八天後才複習的那一組，記住的課程內容較多（因為他們遵守前面提到的一：五法則）。此外，在將所學的資訊運用在之前尚未遇過的新問題上時（例如雲的新型態），八天後才復習的一組的表現也較佳。[11] 由此看來，休息顯然有助於我們將訊息整理成為概念。

解釋間隔效應的理論五花八門[12]，而休息能帶來這麼好的效果，也許是因為這種刻意中斷也改變了我們所處的環境。將訊息分配成幾天吸收的人，很可能也在不同的情境下學習（有時在吃東西，有時陽光普照，有時在學習前聽了一首歌，有時日落），而學習時的環境越多樣，我們越能將所學應用在新的環境下，這種概化能力才是最重要的。

理解的技巧二：避免休息的陷阱

要想將訊息轉化為知識，首先必須先消化訊息，這一點和我們進食相同。比如我愛吃水果，希望我體內大量的「水果分子」能轉化為「肌肉分子」，但想要實現這個願望，首先必須經過消化的過程。如果我只是不停地吃著水果，總有一天我會把肚皮撐破。接收訊息的情況也非常類似：一味吸收知識而不予以消化，最後我們也會「爆炸」。這種症狀你想必也很熟悉，這是資訊社會典型的文明病。我們總是緊張忙碌，時間似乎飛快過去，我們很難維持專注力，無法分辨重要與不重要，大大小小的事都記不住。

既然這樣，如果改為一小口一小口地學習，效果是否就好多了？畢竟我們現在沒有時間專注探究事物，如果能隨自己的喜好、時間與心情取用訊息，就像「知識隨手包」一般，豈不美哉？這種學習法被稱作是「小塊學習」（learning nuggets）、「一口即食式學習」（bite sized learning）或「微學習」（microlearning），在企業界深受歡迎，但這些方法效果真的好嗎？

為了以科學方式回答這個問題，我們有必要認識下面即將介紹的實驗。這項研究的目標在了解，受試者如何將思維模式建構為圖像。研究人員給第一組受試者交替著觀看種類不同的蝴蝶，第二組則採組塊法。結果如同預期，第一組較能將新的蝴蝶圖像正確分類。但如果在變換圖片時插入休息時間，這種差異便消失，第一組的表現變得與第二組平分秋色。[13]

休息也有分好壞，好的休息能打斷組塊式學習的單調乏味，因此在學習某個數學概念時，我們必須在這個組塊中間休息，以創造時間上的差異性。這麼一來，經過休息之後，我們可以再次複習學過的內容，而且不會感到枯燥乏味。但**如果學習內容本身就有變化，中間就不該休息，否則便會破壞這種對比效果**。因此，正確的作法不是一律插進許多休息時間，而是要聰明休息。此時也適用一比五原則：五份學習搭配一份休息──但前提必須是這麼做能打斷枯燥乏味的感覺（或單一主題）。而如果能將各種活動與主題交替變換，效果更好，可以大幅減少需要的休息時間。

創造不確定性

在傳授知識時，一般的作法總是盡可能說明得簡單清楚，避免困惑疑問，但這種方式很快就令人感到單調乏味。因為如果我們太快重複同樣的學習內容，就是老調重彈，但對人腦來說，最重要的標準在於是否有新訊息進來，而所有重複的訊息，都會立刻被人腦的過濾區（視丘）擋駕。視丘的希臘文「Thalamus」意思是「空間」，這裡堪稱是人腦的「接待室」，會攔住某些訊息，不讓它們進入我們的意識，所以我們才不會察覺到鞋子壓迫腳，或是我們手指上戴著戒指。

此外，神經細胞如果經常受到相同的刺激，久而久之，對這個刺激就不再有反應。舉例來說：如果你身邊突然有顆氣球破掉，你會嚇一大跳。但如果你身邊每五秒便有一顆氣球爆破，那麼最晚在第十次後你就會習以為常，震撼效果幾乎等同於零。同理，如果在香水店待太久，由於神經細胞已經習慣這些氣味，我們的嗅覺也會變得遲鈍。

同樣的道理不僅適用於氣味，也適用於訊息。如果我們反覆接受相同的訊息，我們的專注力與好奇心便會下降，這時如果能創造一些不確定性，效果反而較好。例如中斷一下、變換一下，或是來個測驗。在探討最佳學習法的第 1.4 節中我們介紹過，「自我測驗」確實最能幫助我們牢記內容。此外，測驗還能為理解帶來另一種令人驚喜的效果。

不確定性能增強「單樣本理解」，如果我們不清楚一件事情的道理，我們便會檢驗、測試、查核我們是否能解決個中的問題，這時候我們也特別願意接納新知識。曾經有人在實驗室模擬這種原理，他們給受

試者觀看一系列的不同圖片，而在每次圖片系列結束時，受試者有時會輸錢，有時會贏錢。輸贏的結果受到圖片順序影響，但受試者並不知道哪張圖片是造成輸贏的原因。

之後研究人員會請他們說明，他們對於哪張圖片會讓人輸錢有多確定。令人驚訝的是：越不確定的受試者，在得知正確的答案後越快就能記住正解，並且不再遺忘。[14] 研究人員利用腦部掃描想了解原因所在，結果顯示，當人們感到不確定時，額頭下方側邊的某個腦區會活化。這個腦區（腹內側前額葉皮質〔ventromedial prefrontal cortex〕）位於太陽穴上方，而顯然就是這裡使我們在不確定的時刻特別聚精會神，學習能力也特別強，至少我們能夠相當快速地理解其中的因果關係。倒過來看道理也很清楚：越是感到確定，興趣就越低落；越清楚明白，求知慾就越薄弱。

由此可知，不確定性是有效傳遞知識的重要基礎。許多人認為，**人類學習（與理解）的核心是好奇心**，因為我們都是懷抱著好奇心來到這個世界，並熱情探索周遭環境的。每位孩童都充滿求知慾——直到他們開始上學才有了改變。事實上學校並沒有剝奪學生的好奇心，而學校教育的目的，也不在使學生失去好奇心。只不過，我們在學校裡做的，就跟我們在幾乎所有教育領域中所做的一樣，都在努力降低不確定性。然而別忘了，排除不確定性才是我們獲取知識的最大動力。對我們而言，再沒有比不確定、不清楚或困惑更糟的。我們討厭這種狀態，因此想盡一切辦法要排除這種狀態。所以如果想鼓勵人們創造新知識，就要讓他們陷入「不清楚」的狀態。而想達成這個目的，我們可以提出問題、謎

題或是我們還不理解的現象，這樣，人們便會因為其中的不確定性而受到吸引。

我們越是不確定，越是頻頻中斷學習過程，越是經常變換訊息（而不是為了講求效率，將同類訊息聚在一起），我們就理解得越好：這在科學上稱為「有益難度」（desirable difficulties）。若是我們知識的提供越是簡單明白，對方付出的心力就越少，而既然凡事都一清二楚，我們幹嘛還需要思考？思想的傳授、概念的建構、問題的解決等，所有這一切都有待我們**主動參與**才能達標。

理解的技巧三：改變情境！

假設你是醫生，需要為一位病患治療惡性腦瘤，而這顆腦瘤非常頑強，必須以高劑量照射。問題是，這麼一來也會傷害到周圍的健康組織，但減少劑量又無法殺掉腫瘤。那麼，你會怎麼做呢？

請你仔細思考，如果施以中等強度的劑量會怎樣？或者，是否可以先動手術讓腫瘤露出後再直接照射？如果你沒有馬上想到這個對策也別懊惱，在實際研究中只有 10％的受試者自己想到這種能殺死腫瘤又不傷害健康組織的療法。[15] 但是在你思考的當下，你自己並不確定，而如你所知，不確定性正是帶領我們通往理解的跳板——雖然在此之前我們需要協助。

那麼該如何協助呢？我們可以改變情境，創造類似的情況：請想像你自己是個將軍，想要攻占一座城堡，這座城堡有五座橋橫跨著環繞城

堡的護城河,但這些橋無法承載太大的重量,如果命所有士兵都從同一座橋通行,橋便會崩塌。那麼,你該如何奪下這座城堡呢?答案很清楚,你會說:「把士兵分成較小的隊伍,讓他們在同一時間分別從五座橋通往城堡,分進合擊。」如果把這個概念運用在腫瘤治療上就是:不以強烈的放射線照射腫瘤,而是分從不同方向,以較弱的放射線朝腫瘤照射。這麼一來,這些放射線會聚集在腫瘤所在的位置將腫瘤殺死,卻不會傷害周邊組織,因為那裡的放射線劑量微弱。

這是 1980 年代的一項經典創意研究,儘管在沒有獲得協助的情況下,幾乎沒有人能自行想到正確的答案,但總算有四分之三的受試者在參考過「城堡問題」後,能想到上述的對策。

這個實驗清楚顯示人類思維的一個基本問題:我們往往卡關在我們最早接受到的思維模式,而模式思考雖然好用,如果過度依賴也同樣危險。科學界稱這種現象為「編碼效果」(encoding effect)或「情境依賴記憶」(context dependent memory),意思是說我們在學習時會同時注意到情境,並且將這種情境嵌入我們的思維模式中。例如,如果我們在吵雜的環境下背單字,那麼接下來的單字測驗最好也是在吵雜的環境中舉行,因為情境相同,我們的記憶會特別好。[16]

倒過來說也一樣:如果情境改變,我們的思維也會跟著改變,結果我們自以為熟記的訊息也就跟著消失。這種稱為「門口效應」(The Doorway Effect)的現象大家一定非常熟悉:我們走過一道門,結果就忘了剛才自己想做什麼;甚至光是想像我們通過一道門,就能令我們的記憶出狀況。[17]

因此，我們的思維深受我們所處的環境影響，而如同之前所說，我們也可以善用這個現象：**如果我們想解決一個問題卻卡關，這時不妨轉換一下環境**，於是突然間靈光一閃，新構想油然而生，因為我們召喚了另一種解決問題的思維模式。同理，人們旅行歸來時往往能帶回許多好點子，因此大都市的人均創意通常也高於小城鎮，而且兩倍大的都市在創意與生產力方面（可利用專利數量或人均收入量測），表現不僅是兩倍，甚至高達二至三倍。

有一項有趣的研究探討這種超線性效應是如何形成的，研究人員以不記名的方式分析大都市人口的電話通訊，想了解下列問題：哪些人較常打外縣市電話或市內電話。結果顯示，社會交流是大都市生產力與創意增幅超過等比關係的最佳指標。[18] 因此，關鍵在於人與人之間的溝通，但不是任意，而是聰明的溝通，也就是與背景、經驗或能力不同的人溝通。基於這個理由，生活在都市裡的人往往特別富有創意，因為他們有更多機會接觸到觀點不同的人、面對情境的變化。此外，這項研究也顯示，非洲、亞洲或東歐等地的大都市居民為何沒有展現這種典型的創意動力：如果基礎建設崩壞，無法與許多人迅速交流，就算是大城市也會變成眾多彼此相鄰的小城鎮。

也許有人會想，超級大都市是否有其上限。是的，確實存在著上限。一些模擬研究顯示，一旦人口超過四千萬人，上述的效應便會減弱，就算加上更多人口也無濟於事；不過，要達到這種城市規模是需要一點時間的。在此順帶說明一下，鄉村地區的居民也可能富有創意，有許多構想是人們遠離城市塵囂，在悠閒的氣氛下才出現的，但前提通常

是，在此之前他們居住在都市。無論是都市、是鄉村，有對比、有改變才是最重要的。

說到創意城市：我在美國舊金山時，最鍾愛的電台除了饒舌跟嘻哈，其他什麼音樂都播，因為過了青春期以後，我（就和幾乎所有人一樣）的音樂口味就固定下來，基本上沒多大改變。不過，上述電台播放的歌曲五花八門，十首歌之中有六首是垃圾，我是被逼著聽的，但其餘的 40％則是新歌、有特色又新鮮。聽這些歌是要付費的，但好處遠大於花費。今日我們的音樂口味就如同我們的思想，已經「Spotify」化（線上音樂串流服務平台），我們窩在自己的口味環境中，流連在彼此共通的地方，因此收音機裡老是不停播放著相同的歌曲。我們有自己最常使用的新聞來源、最愛的報紙、最愛的電台、最愛的網頁，有如在「繪畫風格實驗」中，總是以組塊法觀看同一位畫家的作品，一旦有新的事物出現，就無法理解。

3.2 「可解釋」的迷思——
對抗最常見的理解陷阱
所需的自我防衛課

　　人人都是事後諸葛，事過境遷，凡事都有道理可解釋。基於這個理由，我不久前一時興起，把史上最受矚目的一場足球賽事統計資料重新看了一遍，畢竟在這個資訊爆炸的時代，賽事統計專家和分析家才是體育界的真英雄。

　　數字不會說謊，在一個量化當道的分析世界，任何事都能用數據解釋，而這場足球賽的數據令人印象深刻，其中一隊進行 55 次剽悍進攻，18 次射門，擁有 52％的控制權、22 次邊線傳球、7 次角球，而在防守中只有 4 次解圍。另一隊則進攻次數少了 21 次，射門僅 14 次，邊線傳球比第一隊少 12 次，角球也較少（5 次），而且在對手攻擊時，必須解圍的次數是第一隊的 5 倍（20 次）。

　　無論就哪一項資料來看，第一隊都優於第二隊，但最重要的資料——比賽結果——並非如此。第一隊是巴西隊，第二隊是德國隊。巴西進一球，德國進七球。[19] 請注意：數據不代表一切。就算我們評估、分析每一項賽事數據，我們依然不解，這場比賽是如何成為慘敗的象徵的。直到多年後，巴西人依然以「sete-um」（葡萄牙語 7：1）表示事情遭遇重大挫敗。

若想了解巴西為何輸了這場比賽，光靠數據分析是不夠的。原則上，我們**必須先能解釋某件事物，接著才能理解**，因為這樣我們才能推導出因果關係，並且將這種關係告訴他人。解釋具有一大優點，它能使我們主動出擊。我們整合各種可能的原因，試著將這些可能與事實對照、比較，找出哪裡卡關或者與事實相符，進而整理出一套合理、合邏輯的解釋模型。我們透過解釋來理解事物的基本特性，也就是其中的原因。不僅如此：在提出解釋時，我們也能對某種因果關係進行抽象化思考，並應用在類似的情況。

　　因此，解釋有別於只是說明某件事物，例如：

　　如果我們請受試者進行簡易的數學計算（例如 4:1/2 = ？），對大多數人來說，這道題目輕而易舉，但他們是否也理解，自己是運用何種原理來計算這道題的？為了尋求解答，研究人員請第一組描述他們的計算過程，而這一組受試者表示，他們利用乘以分數的倒數，來得出除以分數的答案。反之，第二組則必須說明他們的計算過程，而這一點有別於前述作法，因為在解釋時，我們也必須思考我們為何做某事。有趣的是，在隨後測試這兩組的概念知識時，要求他們必須以圖像解釋上述的分數計算，或是解應用題，結果第二組的表現優於第一組。[20]

　　許多題目都印證了這種結果：對某件事物進行解釋，我們便能將這件事物的結構或基本法則應用於其他事物上。[21] 這種現象背後的道理是：透過自己解釋，我們可以發現哪裡還存在著知識缺口，而這一點又有助於我們的理解。至於只是描述的人，則停留在表面。

　　因此，為了建構理解，解釋是一種極佳方式，但這並不意味所有的

解釋都好，我們也可能對最無謂的事進行「有意義」的解釋（例如陰謀論）。此外，如果我們只是以膚淺又簡便的方式解釋其中的道理，那麼我們很快就會進入死巷子或是造成誤解。

剃刀法

想像你自己是巴西球迷，想了解 2014 年 7 月 8 日巴西隊為何落敗，那麼，你會怎麼做呢？也許你會尋找一些理由：巴西隊的中後衛快速向前衝，而這種戰術充滿風險；巴西隊的高位壓迫（Gegenpressing）過度以一人制一人，對中場空間的占領也太不精準，反而露出極大破綻，結果德國採取 4-1-3-2 的堅強布署阻擋巴西隊側翼，使他們的攻擊不致太過危險……總之，關於比賽經過有一大堆的解釋[22]，但沒有任何單一解釋足以說明整場賽事。不過，關於這一切也有一個非常簡單的說法：巴西的明星球員內馬爾（Neymar）與蒂亞戈‧席爾瓦（Thiago Silva）雙雙缺席，而少了這兩個明星，巴西隊一點機會也沒有。這麼簡單的解釋很好懂，沒有人喜歡實事求是的數據分析，簡潔，同時又能說明許多事情的解釋豈不是簡單明瞭多了。於是，到最後我們只記得：內馬爾沒參賽，巴西隊輸球。

早在十四世紀，身為哲學家兼神學家的奧卡姆的威廉（William of Ockham）便曾經闡釋過這種人類思維的基本法則，後人稱之為「奧卡姆剃刀」（Occam's Razor）。奧卡姆認為，在各種解釋中，我們應該以最簡約的為優先，所有複雜的模型（巴西賽事的戰略分析）都將遭到

「剔除」，最後只剩最為簡約，而又能提出最多說明的解釋（內馬爾沒參賽）。

這種解釋法不僅適用於足球迷，也適用於科學家。2012 年，Edge 基金會（Edge Foundation，英國的科學教育基金會）詢問一些著名科學家，他們「最喜愛的博大、優雅或美的理論」是什麼，[23] 請 194 位各領域（從生物、物理到社會科學等）的學者回答。有趣的是，幾乎所有科學家都偏好盡可能簡潔，但又盡可能提出許多說明的理論。

正確又簡單的，便是科學界所認為「美」的，演化論便是一個極佳的例子：三種法則（突變、基因重組與天擇）便足以說明地球上物種的多元現象，怪不得演化論一再蟬聯「最美的理論」。不過，仍有許多人認為演化論還不夠簡約，上帝用六天創造世界，大概比用「適者生存」解釋生命還更加簡單，所以有三分之一的美國人相信，一直以來生物都維持原樣不變。[24] 解釋模型向來是簡益求簡。

然而，解釋事物是我們理解它們的一個要件，但其中也潛伏著一定的危險。因此接下來我們要探討的是最常見的四種解釋陷阱，之後則是自我防衛課程，讓我們學習如何避免落入這些陷阱。

陷阱一：「根源簡化」——追求所有事物的共因

想像你是醫生，有病人向你表示自己老是感到疲憊且體重減輕。針對這些症狀你可以提出下列解釋：一是病人顯然胃口出狀況，所以他吃得太少，使體重減輕。二是病人難以入眠，無法一覺到天明，所以他老

是感到倦怠。第三種可能的解釋則是：病人罹患憂鬱症，而這一點可以說明病人為何胃口差、睡不好。那麼，你會選擇哪一種解釋模型作為診斷呢？

雖然在這個案例裡，病人的症狀有三種可能的理由（憂鬱症、食慾不振、睡眠不足），但如果你的想法和多數人相同，你會認為這是憂鬱症所引起的。[25] 然而，這三種原因之中，只有一種理由未經解釋（憂鬱），其他兩種理由都是由它們的根源理由（胃口不佳、難以入眠）所導致的。

人類傾向於盡可能將不明理由降到最少，這一點有時甚至會導致我們不自覺虛構理由，以解釋其他原因。如果我們能將一切都歸因於一個共同根源，我們便能將解釋模型中的不確定性降到最低，讓一切變得更簡單。

在一項經過修正的實驗中，研究人員給受試者類似的任務，請他們觀看一些症狀，並提供幾種不同疾病作為可能的原因，結果受試者往往立即為所有症狀尋找單一共同原因，而不是針對每一種症狀提出相應的疾病。要等到研究人員大幅改變實驗中各種疾病的機率，才能使他們改變看法──但必須在各種疾病的可能性大於單一共因十倍以上時。[26] 也就是在這個實驗中我必須告訴你，比起食慾不振且失眠的偶然組合，憂鬱症出現的機率要少上十倍時，你才會放棄將憂鬱症當作共因的想法。這種現象是因為人類喜歡事物具有單一共因，這在心理學上稱為「根源簡化」（root simplicity）。

而陰謀論便是建立在這種思維法則之上。關於九一一恐怖攻擊，我

們可以攻擊者是政治激進分子加以解釋，他們將組織分散、接受飛行訓練、在同一時間發動攻擊，並且讓鏡頭適合在全球公眾面前曝光，使這些高樓在天候最佳的黃金時段倒塌。或許有人會想，未免太多巧合了吧！於是他們假設，之所以有人策劃這些攻擊，目的是為了讓美國有藉口進攻伊拉克。

仔細檢視陰謀論，你會發現，它們與正確的解釋都是依循相同的手法運作，而且這些解釋模型部分在技巧上還頗經深思熟慮；但它們永遠都只有單一原因，另外當然還添加了選擇性的感受（我們永遠只看得到自己想看的），而且陰謀論者從不質疑自己的解釋模型，環繞在他們身邊的，總是與他們觀點相同的人。基於同樣的理由，人們往往迷信或堅持己見，並且將所有事情歸因到同一個理由。

所以，如果你習慣以單一理由解釋許多事，你就得當心了，在絕大多數的情況下，這種推論都是錯的。當我們置身在社會體系中行事時，更須將這種警惕時時銘記在心，因為社會發展永遠不會是由單一原因構成的。

陷阱二：「奧卡姆剃刀」──追求「美」

2000 年 6 月 26 日，當時的美國總統比爾‧柯林頓（Bill Clinton）在媒體前現身，這是個莊嚴的時刻，他的演說充滿激情，在這一刻，全球政治的瑣碎小事按下暫停鈕，大家都專注聆聽一樁不可思議的科學成就。「今日要宣布的事不僅是科學與理性的勝利。」柯林頓表示：「今

天我們學到了上帝創造生命的語言，我們將會更驚詫於上帝最富深意且神聖的禮物之美與奧妙。這些博大的新知識將帶領人類迎向療癒疾病的不可思議的新力量。」不僅如此：「未來幾年，對於阿茲海默症、帕金森氏症、糖尿病與癌症等疾病，醫療人員將更能掌握它們的基因根源。」[27]

到底發生了什麼事？2000 年 6 月一項人類基因組計畫告一段落，人類基因組完全破譯。私人生技公司與某項政府的科學計畫歷經長年競賽，最後全體科學界成為最大贏家，未來幾年，關係人類健康的醫療天堂即將到來。

然而，此後數年美夢破滅，現在我們雖然更清楚糖尿病、帕金森氏症或各種癌症是如何形成的，但距離根治這些疾病，還有一段遙遠的路程要走。

因為在許多情況下，我們依然不了解這些疾病的成因（例如關於阿茲海默症就有好多種解釋模式），光靠基因還無法告訴我們什麼，我們必須了解基因是如何、何時、在哪些條件下以哪些組合受到活化。光是看一道料理的作法，我們也不知道完成後的菜色味道如何，因為這關係到食材與烹飪方式。如果你把菜煮爛了，或者時間控制不佳，就算世上最棒的食譜也會被你毀了。

在生物學上，研究環境影響如何改變我們細胞內基因的領域稱為表觀遺傳學（epigenetics），這遠比遺傳學的古典解釋模型要複雜多了。此外，人類的基因組只有約 3% 是由製造蛋白質基石的直接指令所組成，其餘的我們並不清楚它們具有哪些作用。有許多理論試圖對這個問

題提出解答，但這些理論沒有任何一個堪稱是「美而簡」。

科學史上充斥著人們對「美」的倉促追求，結果往往走進一條死巷子，因為「美」絕對不能作為真實的標準。**解釋往往不美，但能說明更多現象。**然而，恰好在神經科學領域中充斥著這類美而簡潔，但內容錯誤的解釋，例如：人腦的運作有如電腦、右半腦主司創意，左半腦主司邏輯思考；人類可以區分成幾種學習類型……這些全都錯誤百出。

事實是人腦的運作有如霧裡看花，一點也不好懂，而我們也還沒有任何公式能將這種思維原理翻譯成簡單的科學語言；這種公式很可能根本不存在，就如同物理界的萬有理論（Theory of Everything），永遠只是個幻象。

陷阱三：吸引力作用──追求偽科學

現在我們就來測試，你判斷某個解釋模型是否合理的能力高下。假設你是科學家，必須評斷下列的實驗：

神經心理學家測試眾多男女的空間想像力，結果男性的表現優於女性。此外，他們還調查了受試者的生活情況，得知在童年時，男性比女性更常從事運動。現在你得到下列幾種解釋：

1. 研究人員由此推論，男性與女性空間想像力的差異，在於男性童年時期從事更多運動。
2. 對右側前運動區（premotor area，對空間想像力至關重要）進

行腦部掃描，結果顯示，女性在這一方面的效率較男性差，而這一點也說明兩性在空間想像力上的差異。

這兩種解釋，哪一種更具說服力？答案是，只有第一種才合理，第二種毫無道理可言。然而，如果我們給受試者觀看類似的解釋，他們卻很難識破不合理的說法。如果我們在解釋模型中加進神經科學的專業語言，就算是一派胡言，人們也會認為這個模型比較可信。[28]

這種思維陷阱稱為「吸引力作用」（seductive allure effect）。假如我說：「當他人的觀點有違我們自己的世界觀時，我們便會予以否定。」那麼你就會說，這句話聽起來很好，也的確頗有道理，可是了無新意。

反之，如果我宣稱：「人們在面對陌生觀點時，腦部的杏仁核與腦島皮質（insular cortex）會開始活化，因此我們會感到自己遭受威脅，並出現防衛反應。」那麼你可能會說：「哦，現在已經能以科學方法證明，人類為何抗拒陌生觀點了。」第二種說法同樣了無新意，只不過多了防衛反應是受到腦部影響所致（好稀奇！）。

不僅神經科學概念具有這種效果，在一項有趣的研究中，研究人員請受試者（全都從事科學工作）鑑定一篇科學論文的品質。他們先請受試者閱讀一篇論文開頭都會出現的摘要（所謂的「Abstract」）。如果在摘要中加上一則不具任何作用的數學公式，這些科學從業人員便會認為這篇論文的品質大幅優於沒有數學公式的。[29] 無論在社會科學、化學或生物領域這種現象同樣可見，只要加上幾個聽來複雜的專業名詞，就

能收割可信度。

你可千萬**別誤以為科學研究必須聽起來複雜才正確**。也許你自己也大惑不解，為什麼直到現在，這一章還遲遲沒有介紹任何神經科學概念——因為到目前為止並沒有這個必要。不過別擔心，再過幾頁就會涉及腦科學了。畢竟，我的腦科學並不是白念的。

陷阱四：「目的論的謬誤」——追求意義

如果有人問：「天上為什麼有雲？」而有人答：「因為有雲才會下雨。」

相信你會說，這根本是胡扯，雲沒有意識，也沒有目的，雲之所以形成，是因為水蒸氣在寒冷的大氣層再度凝結成水，這些數量眾多的水滴聚集在一起，便形成雲。

不過，幼兒往往會以這段開頭的方式推論，例如當我們開車經過核能發電場的冷卻塔，見到水蒸氣升起時，幼兒往往會說：「看，雲是在那裡製造的。」這種說法雖然可愛，卻不正確。

但是成年人也可能會落入這種稱為「目的論的謬誤」（teleological fallacy）的解釋陷阱。換句話說，即使事物本身不帶任何意義與目的，我們也會虛構出來。我們對這種解釋謬誤通常具有抵抗力，例如沒有人會宣稱，世上之所以有水，是為了讓船能在水上航行。但如果將說法換成：世上之所以有水，是為了讓人有水喝呢？這種說法當然同樣錯誤，我們卻較難發現其中的謬誤。

特別是在時間不夠時，我們更容易掉進這種將解釋簡化的陷阱。有項實驗請物理學博士判斷哪些解釋正確，哪些錯誤，但其中一組有時間壓力，他們只有 3.2 秒的時間進行評估；3.2 秒大約就是讀完下列這段話所需的時間：

> 細菌之所以變異，是為了讓自己對抗生素具有抵抗力。
> 地球之所以有臭氧層，是為了避免紫外線的傷害。
> 樹木之所以製造氧氣，是為了供應生物呼吸。
> 冬天時孩子們戴上手套，是為了讓手指保暖。

　　有趣的是，這些科學人士也與沒有攻讀過博士學位的人一樣很容易落入相同的思維陷阱（雖然比例上較低），[30] 經常誤將全然錯誤的說法當作是正確的（在上述的例子裡，便是前三種說法）。臭氧層的目的當然不在保護地球，這不過是個有益的「副作用」罷了。

　　相形之下，我們更容易犯的是目的論謬誤的姊妹，也就是「因果關係謬誤」。舉例來說：「因為地球上的生物需要受保護，避免紫外線照射，所以地球上方形成了臭氧層」，這句話彷彿宣稱地球自己決定要形成臭氧層一般，聽起來不太可信。但「之所以有臭氧層，是為了保護生物」，這句話聽起來則較有理。

　　對於我們這種反應的一個解釋是，人類的基本心態便是「探求某種目的」。如果你還記得〈2.4 到底為什麼？如何辨識因與果〉這一節的內容，便知其中的理由：我們藉由想像有一個人在操縱某事，或可能

操縱某事，進而發現某事可能有其「因」。那麼，人類的行為往往具有目標，也就是有其用意，由此我們可以推論，原因與目的相互關聯。

我們之所以尋求生命的意義，是因為生命有它的「因」。每當我們遭遇失敗時，便會探求其中的含意，因為我們之所以失敗，自有它的理由；遭逢厄運時，我們會探求它的意義，因為凡事都有它的理由。沒錯，凡事確實都有它的「理由」，但絕對沒有目的。

植物需要陽光照射才能成長，但陽光的目的不在促進植物生長。

在此我想提供大家一個實用的建議：在自然科學領域中，尋求意義與目的永遠是「毫無意義」的，若是深究這種作法反而會阻礙我們通往真正理解的道路。唯有在人類是導致某事的具體原因時，探求目的才有意義。

避免解釋陷阱的自我防衛術

解釋事理至關重要，但也有待學習，這樣我們才能避免落入典型的思維陷阱。

方法一：認識全局

我們都知道「說故事」（storytelling）的法則：用故事包裝想要傳達的訊息是最佳手法，因為故事最能令人牢記不忘。這個法則也適用於知識的傳遞，這樣既能享受故事，還能同時學習。

例如這則故事：克里夫、克利奧和丁骨三隻狗是好朋友，有一天牠們遇見一隻名叫「KC」的狗。「KC」想要結交新朋友，但牠只有三條腿。一開始，克利奧頗有疑慮，牠心想：「萬一這個只有三條腿的『KC』會傳染疾病，怎麼辦？」克里夫態度較為開放，但牠擔心「KC」行動不便，會經常需要協助，甚至連小事都沒辦法自己來。不過，經過一段時間後，克里夫等三隻狗終於克服偏見，和「KC」開開心心地一起玩耍。

這則故事蘊含著什麼道德寓意？如果把這則故事說給五歲的孩童聽，接著問他們從這則故事中學到了什麼？他們會答：「要善待三條腿的狗！」[31]

這個答案和「人們能拋開對身障者的成見，彼此成為好友」這樣的觀點毫不相干。

在一項追蹤研究中，研究者將條件改變，並請小朋友說明前三隻狗後來為什麼和三條腿的「KC」一起玩耍；還有，牠們是如何成為好朋友的。這一次結果不同：小朋友能發現其中的基本道德含意，並且運用於其他情況。[32] 他們不僅將這則故事的理念概化為通則，也了解其中的意含。有趣的是，如果由小朋友自己詮釋，效果甚至比由他人解釋其中的道德寓意要好。

接受別人準備好的東西，總是沒有那麼精彩。我們顯然需要主動參與某事，才能理解其中的道理。習慣豎起食指提出道德訓誨的傳統教育法，在這項實驗中效果反而較差。

或許有人會說，能否理解故事中的道德寓意並轉化為通則，這是年

齡的問題。沒錯，在理解這則故事上，成人的表現明顯較佳（幸好有91％的參與者達標），但我們仍然不該低估「**自己解釋**」的效果。這則故事相當簡單，但成人通常必須面對複雜的問題，這時光靠描述用處並不大。在面對複雜的問題時，若想理解其中的因果關係，便須善用解釋的技巧。

在面對複雜的問題時，我們無法簡單推導出其中的因果關係，因為錯綜複雜的問題依循另一種動能。

舉一個簡單的例子：高科技車配有各種科技、機械與電子設備，卻不是不可分性複雜系統（譯按：指十分複雜，且難以分解的系統），而是可分性複雜系統（譯按：指十分複雜，但可以分解的系統）。當我將汽車方向盤往右打，汽車便向右轉；方向盤往左打，汽車便向左轉。不可分性複雜系統則不同：如果你將方向盤往右打，汽車時而右轉時而左轉，有時甚至會煞住，因為不可分性複雜系統的特性在於我們無法事先預測。換句話說：這種系統的反應是非線性的，因此我們無法從某個實際狀態推導出接下來的狀態會如何。

但這並不表示，不可分性複雜系統純粹取決於偶然。例如天氣變化屬於不可分性複雜系統（股市、車流、生態系統、網路數據流、人類行為、人腦等都是），一個星期後一定會出現某種天氣（至少我還沒遇過沒有天氣的日子），這天氣同樣全由自然法則決定。我們了解大氣物理與氣象學法則，但就算我們清楚知道此時此刻大氣中所有分子的狀態，我們也無法準確預告一週後的天氣。（矛盾的是，事後我們總能清楚說明何以出現這樣的天氣。）

那麼，我們該如何深入探討某個不可分性複雜系統的問題，尋求其中的因果原理並將它化為通則？答案是：必須加以解釋（而非描述）。就算我們無法百分百解釋，**光是「試著解釋」本身，就有助於我們將其中的因果關聯普遍化。**

為了達到這個目的，我們可以怎麼做？有人透過教學法實驗探討這個問題：參與者的任務在了解某個氣候模型，而想達成任務，不是光了解某個簡單的原因便可以，因為不可分性複雜系統是建構在各種反饋、臨界值與「湧現」（突然形成的新構造）之上的。

在為時數日的訓練中，第一組一開始便接受不可分性複雜性（例如臨界值現象，一旦越過即不可逆）的概念課程，接著研究人員請他們利用電腦模擬重建這個法則。對第二組的作法則相反，不是一開始便提供他們正確的解釋，而是讓他們自行嘗試並建立自己的解釋，之後再利用標準答案進行修正。

雖然一般會認為第一組的作法「效率較高」，然而在運用不可分性複雜系統的基本概念上，卻以第二組的表現較佳。[33] 而且就連不在課程之內的複雜特性，他們也更能予以概化。例如，對「自主機器人為何能以高度效率有效地在其他行星上開採金礦？」這個問題，第二組的回答顯然更加深入。相信大家都會同意，在其他行星上開採金礦與那裡的氣候少有關聯，但其中的基本概念其實相當類似，例如機器人的行動如果改變了那顆星球的地質，這個結果又會回過頭來對採礦造成影響（關鍵字：反饋）。

因此，想要真正理解不可分性複雜情況，便是自己先提出解釋，之

後再與他人進行測試。想要做到這一點並不容易，因為人類傾向於只是對事物提出描述，因而只停留在表面。但如果無法詰問或提出解釋，我們就無法理解事理。

在一個滑鼠點一下就出現簡單答案的世界裡，描述事物易如反掌。Google 一個問題，得到別人已經準備好的解答，還未曾像今日這般簡便。但這種便利性不該弱化我們的批判性思考能力，削減我們的判斷力。二百三十多年前，伊曼努爾・康德（Immanuel Kant）曾經說過：「未成年狀態是極其舒適的……，如果我能夠光是付帳，我就不需要去思考。」[34] 再沒有比這段話更切中時弊的了。

在尋求解釋時，我自己也常 Google，但我已經養成在啟動 Google 前先思考問題可能的答案。在搜尋之前漫無目標地思考甚至也有一定的效果，因為**親自探究某事，本身就是通往理解的重要步驟，就算搞錯了效果依然存在**。

方法二：解釋錯在哪裡

請想像你手上有兩顆球，一顆很重，一顆很輕。你把這兩顆球舉到同樣高的位置，讓它們同時落下。那麼，哪顆球會先落地呢？是重的還是輕的？不熟悉自由落體定律的人或許會憑直覺說，重球會先落地，因為它受到「較大」的地心引力。

如果這是你的解釋，那麼你一定也能說明，如果將兩顆球綁在一起，它們落地的時間會是多少。假設重球本身只需一秒落地，輕球需要

兩秒，那麼將它們綁在一起，它們需要多少時間才會落地？輕球會減緩重球的下墜速度嗎？那麼這兩顆球綁在一起，下墜速度應該介於兩者原來的速度之間。但這種說法又不符合較重的物體比較輕者墜落得更快的說法，因為兩顆球綁在一起，要比原先那顆重球還更重，如此則兩顆球綁在一起，下墜速度應該最快才對。請注意，較重的物體下墜速度快於較輕者，這種解釋會帶來矛盾。[35] 而這個問題的正確答案是：球的輕重不重要，它們的墜落速度都相同。

科學界稱上述的例子為歸謬法：推導出矛盾的結果，而這種矛盾會產生不確定。**解釋的作用不僅在解釋事物，也在於這個解釋會使我們明白界限在哪裡**，而唯有了解界限，我們才有機會檢視自己的思維模式。因此**實際去解釋某事，要比正確解釋更加重要**。

當然，前提是我們必須坦誠，願意改變自己的錯誤解釋以符合事實。找出某種解釋錯在哪裡，基本上是建構更深度理解的好辦法，可惜這種作法現在已經日漸式微了。

雖然這樣，但錯誤的解釋豈不是會阻礙我們的理解？因為錯誤會使我們偏離真理。

為了檢視這種觀點，研究人員請受試者閱讀一篇關於人類血液循環的文章，接著第一組可以再讀第二遍，第二組則必須立即解釋文章內容，並說明血液循環如何運作。第二組受試者的解釋有許多是不正確的，但在隨後的理解測驗中，他們的表現卻較佳。他們能將血液循環的原理通則化，也能回答文章以外的問題。[36]

換句話說：就算沒懂，試著自己解釋也是有助益的；因為在解釋當

下，我們才會發現問題出在哪裡。

　　提出解釋，並檢測自己的解釋，便是迫使自己面對不確定性，因為自己的解釋可能並不正確。在〈2.4 到底為什麼？如何辨識因與果〉已經說過，我們必須操控事物並檢視隨後發生了什麼，才能理解其間的因果關係。如果我們無法實際操控，就必須在腦海中進行，而這種精神上的操控就是解釋。

　　人腦在調適自己的思維模式時，會操控周遭環境，而我們在解釋時同樣也會這麼做。任何一個解釋上的錯誤都在邀請我們修正這個錯誤的解釋模型，錯誤使我們不確定，但此時此刻學習動力也最強。我們可以主動開啟這種動力，以勾起他人的好奇心，或是自我詰問。

方法三：自我愚弄

　　美國的軍事教育中有一種非常特別的訓練方式，邊訓練邊進行檢討，稱為「Hotwashing」[37]：將一隊新兵送往一場模擬戰鬥，與另一隊士兵作戰。但這些新兵並不知道自己的對手身經百戰，經驗豐富，而且他們正是針對這種訓練而受訓的。想當然耳，這些新兵會敗得很慘。接著大家會進行戰略檢討，不論軍階、身分，每個人都必須發表意見，就自己的觀點提出問題所在，以及這場失敗該如何解釋。另外，大家還必須找出辦法，讓下一回可以做得更好。這場演習的「事後檢討」真的是全員投入，因為輸得這麼慘，已經不值得歸咎他人，因此大家更能坦誠地交換意見。

如果我們從失敗中學到的，真的比從勝利中學到的還要多更多，那麼我們也就可以從中推導出普遍適用的法則。這種毫不留情地說出真相，在對手尚未出手前便自我質疑、自我攻擊的作法，一級方程式（Formel-1）賽車的賓士車隊主管托托・沃爾夫（Toto Wolff）稱之為「tough love」。[38]

想要學習並理解，這種作法確實非常聰明（同時也很慘痛）。有趣的是，在面對矛盾時，我們也最能理解其中的道理。果真這樣嗎？這種作法會造成科學上所說的「矯枉過正效應」（hypercorrection effect）。我們或許認為堅信自己的事實知識的人，會死守他們的知識，不輕易修正自己的觀點，但事實正好相反。

2019 年有人做過實驗，想知道是什麼推動我們的學習與理解，而方法之一便是向受試者提出下列等常識性問題：

第一艘登陸月球的登月小艇名稱是什麼？
誰發明了收音機？
哪座島是歐洲第二大島？

題目總共有一百道，為了避免受試者能全部答對，因此具有一定的難度，但受試者必須交出他們心目中的最佳解答，並評估這些答案與正確解答有多接近。之後受試者會收到正確答案，並且必須說明他們對結果感到多訝異。接著會再進行一次測驗，但這一次只考他們之前答錯的問題。

在第二回合答對的題目當然較多，但在分析過原因後，研究人員發現，是受試者的**不確定性與意外感推升了學習成就**。當受試者自認為知道，結果卻答錯，這時學習表現最佳。[39] 因為在我們料想不到時，才會激發我們的好奇心。那麼，**什麼時候我們最容易感到意外？那就是當我們自以為知道，結果卻弄錯的時候。**

測試並自我詰問是迅速且持久建構知識的好方法。研究顯示，反應迅速的海馬迴與大腦皮質，二者間的同步活動幾乎是以即時速度促成新知識的建構。[40] 換句話說，當我們受到考試提問並需要提出解釋時，我們便會重啟既有的知識、發現其界限、查閱新訊息並調適自己的思維模式（解釋）；這時擔任「監工組織」的是我們稱為紋狀體（striatum）的腦區。

紋狀體位在人腦深處一個網絡連結特別密集的位置，在我們主動解決問題時，紋狀體會持續保持活躍。當我們在考試中思考解答時，起初紋狀體還會相當活躍，但隨著考試一再重複，活性也會逐漸減弱。[41] 因此，當我們在測驗中必須調適思維模式時，也正是挑戰我們、詰問我們的不確定時刻，這時我們反而會記得非常準確。

2014 年，巴西隊在對德之戰慘遭滑鐵盧，但當時德國隊之所以能獲勝，也許是因為德國隊有過極為類似的遭遇：2004 年德國隊在預賽中以一比二的成績敗給捷克，粉碎了德國歐洲盃的冠軍之夢。德國隊黯然回國。

但這也給了尤爾根・克林斯曼（Jürgen Klinsmann）大好機會，他檢討每個過程，增設新的職位（聘請照顧球員運動心理學的防護員、與媒

體打交道），設置球隊經理、嘗試各種新型訓練法，[42] 結果是整體作戰風格的「矯枉過正效應」（Hypercorrection effect）。

若說 2014 年德國以 7 比 1 大勝，是德國之前經歷的後續效應也不為過。至於 2024 年巴西隊將採取怎樣的作為，且讓我們拭目以待。如果「矯枉過正效應」果真奏效，屆時巴西隊應該以 36 比 1 大獲全勝；但願到時他們的對手不是德國。

3.3 籃球員悖論——四種教學法

　　1999 年十一月某個寒冷的清晨，雨水拍打著學校的玻璃窗，當我們的歷史老師神采奕奕地踏入教室時，我們還昏昏欲睡。歷史老師將他的包包「碰」地往桌上一放，重重坐到椅子上，對著我們大聲說：「各位，我是教宗！」「嘎？」「沒錯，我是教宗。上一堂課我們談到 1076 年，當時教宗在德意志民族神聖羅馬帝國（Heiliges Römisches Reich Deutscher Nation）是老大。」接著他手往桌上一拍：「只有國王搞不清狀況！他以為我這個教宗已經沒有勢力了，真是過分！我是教宗，而國王卻在我背後說長道短，破壞我的權威！我該怎麼做呢？你們有什麼建議嗎？」

　　我們還是有點搞不清狀況，但也開始轉動腦筋：也許可以攻打國王？可是由教宗在自己國家策劃戰爭恐怕得不到支持。也許我們可以把國王的盟友拉到我們的陣營，收買他們——不過這種作法可能花錢又費事。要不就是公開羞辱國王，讓他難堪，反正這本來就是教宗的權力。用個比較正式的說法就是：教宗可以將國王逐出教會，這麼一來，國王就會失去教會的庇佑，那麼臣民們對國王的效忠誓言就失去效力，國王在政治上便孤立無援。

「好辦法，」歷史老師說：「可是光羞辱國王還不夠，還必須讓他的臣民知道。」我們繼續思考：「一場巧妙的造勢活動或許有用，這是一種人人都懂的象徵。」

我們本來也可以依照傳統方式學習，直接、不兜圈子，翻開書本，閱讀關於卡諾莎之行（Gang nach Canossa）的所有內容：國王亨利四世（Heinrich IV）如何在 1076 ／ 77 年屈辱地越過阿爾卑斯山，向教宗請求寬恕並請撤回取消他教籍的命令。

或許我們還會從書中讀到敘任權之爭（Investiturstreit，譯按：指教宗與俗世君主爭奪任命神職人員的權力〔敘任權〕），及貴族在這場衝突中所扮演的角色等等。但這堂課藉由我們自己的分析與開放、不帶成見地思考一個人如何宣示自己的統治權，我們於是理解了政治的原理，而之後我們也能將這種理解用在其他的事情。因為在人類歷史上，象徵性的歸順與羞辱行動總是不斷出現，而且我永遠不會忘記，教宗對國王的怒火能燒得多旺。

就在那一刻，我突然了解，歷史並不是死去的過往，而是由活生生的人類所創造的，而這些人就和現在的我們同樣愚蠢或聰明。此後，我總是會想到，四十、五十年後的人類也會這麼嘲笑我們；至於千載之後，後世會如何看待我們，我就不敢多想了。不過，在遙遠的未來，他們如果也有像我們這樣的老師能夠引導學生們思考，或許他們就能稍微體會我的感受。

我在前面的章節所介紹的一切，都是為了說明理解並不是被動的過程。因此，接下來我們就要看看，我們可以從前面的內容整理出哪

些理解的技巧——人稱「成功犯錯」，而學界稱為「建設性失敗」
（productive failure）的概念。

知識有如耶誕禮物：耗時又費工

學習應該有效率且能提升成績。你可以買幾十本的書、上許多課、觀看輔導課程，或是自己下載教人如何輕鬆學習語言的 Apps；我們也能花三分鐘讓別人向我們說明，第二次世界大戰何以爆發，或是花五分鐘學會如何利用二項式公式求一元二次方程式的解。

當我們想迅速解決某個問題，想針對某個考試學習，或者有個明確的問題，想要迅速尋求答案時，上述這些辦法都各有它們的用處，卻無法創造真正的知識。

好的知識傳授總是有點沒有效率的，這就跟耶誕禮物一樣，有人把禮物品項寫在紙上，讓人去買他想要的。東西買回之後，會有人將它包裝好，讓想要禮物的人之後能打開包裝，獲得自己想要的禮物。這種過程實在太沒效率了！任何企業顧問都會雙手抱住腦袋，高喊：「要改善這些麻煩！省掉這些無謂的禮物包裝紙和包裝的功夫吧，這些行為只會延誤整個流程！」他們說的或許有道理，但我敢說，這麼一來耶誕樹底下的歡樂氣氛就不見了。

的確，知識也能像未經包裝的耶誕禮物，迅速、簡單、高效率地傳授，利用動畫弄得生動有趣，或是配上具有娛樂效果的插圖。沒問題，這些都很好、很棒，而且深受大眾歡迎。

我並不是隨便這麼說的，因為我自己就是科學大滿貫（Science-Slam，編按：科學交流活動，科學家用淺白的方式，十分鐘內講解他們的研究，隨後讓觀眾投票給分）的德國冠軍。這個領域的目標，就是在十分鐘內把自己的研究領域簡潔易懂又趣味盎然地呈現出來，最後由觀眾決定誰的表現最棒。挺好的！

在我早期的一部科學大滿貫裡，主持人和我在幕後聊到如何讓人迅速又輕鬆地了解科學議題。「漢寧，你知道嗎？」他對我說：「科學大滿貫很棒，可是這些演講，大家記住的內容卻那麼少，這一點總是令我大感訝異。我們離開這裡，隔天還記得節目很有趣，但內容我們卻幾乎記不得了。我唯一記得的是，罐裝啤酒在冰箱裡應該豎著放，不要平放。可是為什麼要這樣我已經忘了。」

從此以後，我參與科學大滿貫的主要目的就是激發大家對某個主題的興趣，而不在於傳遞知識。科學大滿貫非常適合激起觀眾的興趣，對於破除成見或喚起好奇心效果也好，卻無法提供持續性的「沒想到！」時刻，但這種時刻對理解卻極為重要。

優秀的傳遞知識有兩個階段。首先是指出某個問題、謎題或是祕密，就好像我們將包裝好的知識禮物擺出來。但這樣還不夠！這件禮物還需要打開，而這個過程有時也需要他人協助，因為沒有人能事事獨自創新，而最後要達到什麼目標，也必須一清二楚。如果只是輕鬆好玩地讓人打開包裝，結果禮物可能並沒有完全開啟。這個時候，傳遞知識的人必須同時也擔任協助打開包裝的角色。

理解非常重要，但不容易做到，而學習也不是件簡單的事。優質的

學習與理解能創造樂趣、節省時間、鼓舞士氣並振奮人心，但永遠不是輕而易舉的事。優質的學習與理解總是有點麻煩，一點也不直接，有時彎彎繞繞，必須主動思考、勇於嘗試、自我詰問，從而發展出穩固的思維構造。

另外，許多資訊管道深受大眾歡迎（無論是維基百科或是 YouTube 上的學習輔導影片），原因不在於它們迅速、簡明地傳授知識，而是有人主動尋求某個問題的解答。在好奇心驅使下閱讀維基網頁或觀看學習影片的人，已經跨出最重要的一步：熱切又飢渴地尋求答案。一旦有了這種心態，接收新知並加以應用，也就易如反掌了。

只有在我們面對問題，並發現自己具備的知識不足以解決問題時，才會形成知識。可惜人們在傳遞知識時，作法往往相反：我們先得到說明、解釋，接下來再做練習題，例如：「加法是這麼算的，這裡有二十道題目給你練習。」

各位千萬別誤解我的意思，在一個明確可測的環境下獲取特定能力，以便之後用來解決其他問題時，這種作法絕對也正確。但如果要了解深層的思維概念，以便處理不同面向的問題，那麼把作法倒過來反而更容易達成目標。這種說法背後的科學理論基礎便是「解題教學」（problem solving instruction）：「先試著自己處理問題，再獲得他人提供的正確解釋。」。[43]

接下來我們會探討，如何運用這個概念，讓我們理解得更好，或是讓他人理解得更好。

步驟一：化被動為主動

　　請想像你是某某籃球隊的教練，現在冠軍賽的關鍵戰役即將開始，而你的五名先發球員中有四名已經敲定，但重要的得分後衛這個能從遠處準確投籃得分的位置，你有兩名平分秋色的人選。球員一我們姑且稱之為史蒂芬（Stephen），他近幾次的得分記錄是：25、23、27、21、23分；球員二我們姑且稱之為勒布朗（LeBron），他的得分記錄是：20、12、41、38、8分。那麼，史蒂芬與勒布朗，誰才是表現較穩健的球員？還有，你該如何向你的助理教練說明，你要讓哪一人上場？別忘了，這是關鍵一役，攸關輸贏！

　　幾年前有人對九年級生做過類似的實驗[44]，第一組必須以數學計算兩名球員中，哪個表現較穩定。研究人員並沒有立即告訴他們結果，而是給他們一小時的時間嘗試各種可能的算法，而這些十四歲的學生得到的結果非常有意思。有些學生先算出平均值，接著再算得分高於或低於平均值的有幾場（亦即：越接近平均值，表現越穩定）。有些則計算各場比賽的得分差距，再計算得分差距的總和（亦即：各場比賽得分差距越小，表現越穩定）。在這一小時之中，沒有任何人想到正確的答案，也就是：

$$s = \sqrt{\frac{\sum_{i=1}^{n}(x_i - \bar{x})^2}{n-1}}$$

這是標準差公式，而我敢打賭，在一個九年級（還未成年）班上，絕對沒有人能在六十分鐘內自己想出這個解答。但這也不是實驗的目的，更重要的是，這些學生能盡情嘗試，自己找出解答。一般而言，他們能想出六種解決這個問題的方案，這些辦法沒有一個是對的，但這個主動嘗試的階段，為第二階段奠定了基礎。

重要的不是找出標準答案，而是親身體驗自己的知識缺口究竟在哪裡，而激發我們好奇心的正是這個缺口：我們渴望知道什麼才是正確的解答。

接下來便是破解祕密，教師同樣有一個小時的時間向學生介紹標準差的概念，以及如何利用標準差處理這個問題。

傳統上的教法是一開始便採用上述作法，因為我們認為良好的教學法是：標準差的公式在這裡，接著是一些練習題和家庭作業，然後下個星期考試，而答對的題數最多的人，分數也最高；接下來換下一個數學概念。

在前述實驗中便是以這種辦法來教第二組學生的：先花一小時解釋標準差公式，接著提出上述的籃球問題。結果第二組學生想到的點子只有第一組的一半——這些方法當然都能得到正確答案。也許有人會想，到目前為止效果還不錯，直接教學顯然有一定的成效。

接下來研究人員檢視，兩組學生之中，哪一組對標準差的原理理解較佳。

第一組不僅在回答標準差現象的理解題上表現明顯較佳（例如，遇到極端偏離標準差的離群值時該如何。可以這麼做：在科學實驗中，離

群值如果落在兩個標準差之外，有時會將離群值剔除），在計算變化題及解釋數學歸一化（database normalization）上（之前根本沒有教過），表現也好得多，可見花這些功夫是值得的。

這麼一來，這個公式對學生而言突然具有意義，不再只是字母與符號的組合，而是化身為公式的一種觀念，是人們自己發想後經過「瘦身」的模式。不只這樣：從此以後，每當我們遇到某個問題，而這個問題我們無法立刻在公式簿裡找到適合的公式時（在我們生活的世界裡，大部分都是這種問題），我們便會想起，自己花功夫思考，有助於解決問題。

在我們為一家位於法蘭克福的金融企業設計新的培訓計畫時，我們的目標就是要改變傳遞知識的辦法。我們也採用了籃球實驗，因為股市行情與籃球員的得分結果同樣起伏不定，而利用標準差能算出這種波動能。於是，我們向數百名員工提出與前述九年級生相同的問題，讓他們和鄰座的同事共同思考，在這場假想的籃球比賽中，他們會派哪個球員上場。

有趣的是，這些員工解決這項任務的方式不盡相同：外勤人員與業務人員偏好第二名球員，認為他雖然有幾次離群值在標準差以下，但也時有優異表現，因此在決戰時刻當然要派出這種人選。理由是：「他有能力，而必要時身為教練的我，也會逼出他的最佳表現。」真是不折不扣的行銷人員的想法。反之，內勤人員則通常選擇第一名球員，因為他的表現較平穩，就算面對壓力，表現也不會過於失常。接下來我們同樣揭露如何利用數學，讓籃球隊教練做出裁決。

在受訓員工求知若渴時，我們接著進行下一步，讓他們知道，標準差不僅可以用來贏得籃球賽事，甚至能估算哪些股票的波動特別大（因此可能較適合大膽的投資人）。誰會想到，關於股市波動的數學課程，居然會這麼有趣又富有娛樂性呢！

我們越是被動，理解的效果就越差。**當我們發現自己的知識界限在哪裡，我們才能理解事物的原理、因果關係與概念。**而若是想知道自己的知識界限在哪裡，我們就必須跨越界限，試試看越過後會有什麼結果。如果只是在腦海中思考結果會如何（而沒有實地測試），便很難建立新知。

我在實驗室中進行實驗時一再發現這種現象：有時受試者必須記住實驗室中特定物品的位置，在第一回合的訓練後，他們通常還辦不到，沒有人能記住分布在四個房間裡的四十件物品。不過在進行第二回合的訓練時，有些受試者會開始思考物品的位置，而不是重新找起，但馬上主動尋找那些物品，效果比較好。套用韋恩・格雷茨基（Wayne Gretzky）這名史上最偉大的冰上曲棍球員的說法，就是：「沒有射門的球，百分百不會得分。」

步驟二：在已知之上建構新知！

我不知道你對植物細胞的生物化學作用了解多少，但這裡我們仍然可以測試一下，你能把植物細胞的概念建構得多好。

請你想像，你是一棵樹，你的任務在於：盡量吸收陽光的能量來製

造醣。那麼，你會如何設計你的植物細胞，來達成這個目的？

即使你對植物細胞的構造一無所知，你一定也或多或少知道，該如何捕捉太陽能。也許你見過太陽能電池，那麼，植物細胞中如果有類似太陽熱能集熱器的構造應該很有用。為了利用集熱器接收到的能量，我們也許需要一座小工廠運用捕獲的能量來製造醣分子，而這時如果有個儲存醣的場所應該也不錯，這樣能避免醣在細胞間流竄。此外，如果能有建造糖廠的設計也挺有幫助的。還有，蓋糖廠所需的建築構件也必須運送到適宜的地點，因此最好能有一套運輸系統。最後，這些細胞還需要堅固的細胞壁，以防滲漏。

因此，就算不知道植物細胞的構造，我們也能利用一些極為簡單的思考，設計出自己的細胞來；而實際上，真正植物細胞的運作方式也與上述想法非常類似。

可惜的是，我們在介紹植物細胞（以及事實）時，往往反其道而行。我們先給學生觀看一張說明圖，在每個部位標示專業術語，希望學生可以牢牢記住這些內容。然而，任何曾經學習過某事，或是想進一步加以理解的人，總有一天會提出「為什麼」的問題，或是詰問：我需要這個做什麼？

既然這樣，我們何不從「為什麼」的問題開始？或者一開始便說明其意義與目的：你們是籃球隊教練，你們想贏，那麼該怎麼做？你們想投資波動性小的股票，那麼，該怎樣找出這種股票呢？你們想利用陽光製造盡可能多的醣，那麼，你們該怎麼做？於是大家便開始啟動自己的基本知識尋找解答，也許不會立刻得到標準答案，但最後卻能理解其中

的道理。

　　不久前有一項研究證明，這種教學法對學生理解複雜的事情特別有用。研究人員試圖了解第一學期的藥學系學生，理解並解決生理學問題的能力如何。具體的作法是，請他們判斷腎功能。為此，他們必須測量血液與尿液中代謝物的濃度、知道受檢者的體重與年齡。簡單來說就是：這個任務相當難處理，沒有哪個第一學期的學生能自己在四十分鐘內提出檢測腎功能所需的克羅夫特 - 高爾特公式（Cockcroft-Gault-Gleichung）。

　　但研究人員還是給第一組學生患者資料，請他們設計一種公式。對照組（第二組）則是馬上學習這個公式，之後還做了練習題；這時第一組還在絞盡腦汁，不過他們也不是毫無依據，因為他們拿到了患者的相關資料，也能運用數學與生物學的基本知識。等第一組忙了將近三刻鐘後，研究人員才提供他們正確的公式——這時他們已經非常渴望知道辦法了。

　　這次實驗的評估結果如下：如果是簡單的問題（將相關數字套用在公式上，計算結果），兩組運用公式的表現平分秋色。但如果要判斷腎臟病患的新案例，決定哪種療法最理想時，則自己先嘗試的第一組，表現明顯優於以傳統方法學習的第二組。[45]

步驟三：加強交流！

　　我上七年級時，有一次宗教學老師問大家，誰有興趣和他談談自己

心愛的主題或興趣。馬上就有幾名同學報名，而我則幸運被他挑中。我心想，好棒，現在我可以向宗教學老師秀一秀我在人類生物學上的知識，還有，讓他瞧瞧自然科學威力有多強大了。然而，這次的談話卻與我的想像截然不同，我沒機會炫耀自己的知識，談話的方向反而轉向我什麼都還無法回答的地方，以及哪些自然科學謎題至今還沒能破解等等。短短幾分鐘下來，我就從一個自認能解釋世界現象的人，變成謙卑的懷疑論者，而且覺得這樣還不賴。

對這種結果我們全都驚訝萬分，這究竟是怎麼回事？這時老師才開始向我們提出說明。這次的談話，目的自然不在讓一名十三歲，自以為無所不知的學生炫耀他知道的一切，而是**讓他了解，他的知識是有限的**。早在兩千多年前，蘇格拉底（Sokrates）就已經在雅典奉行這種談話了。身為自然科學迷，我必須承認，人類還沒有找到萬有理論。我們的老師原本可以直接向我們介紹某一場蘇格拉底的談話，但他卻讓我們自己體悟。

從此我也終於理解，科學其實只是「不知」的最新型態，因為每次我們找到一個科學上的答案時，都會帶來好多倍的新問題。這一點你可以說是令人沮喪，也可以說是振奮人心。畢竟，再沒有比未解的問題更令人興奮的，不是嗎？

許多以多方嘗試及犯錯當作積極的學習策略的研究，都讓參與者在團隊或小團體中合作，這一點並非偶然，因為與他人交流有助於建構自己的思維模式。一是因為我們如果必須向他人提出說明，自己也能理解得更好。因為這時我們光是自己吸收（幾近於「消費」）還不夠，我們

還必須主動用自己的語言來表達，加以解釋（你在前一節已經見識到解釋的威力了）。另外，我們從他人的錯誤與失敗中也學到，自己如何做得更好。可惜在傳遞知識時，我們太少運用這種法則了。

一個典型的例子便是線上教學影片，這些影片在 YouTube 之類的影音平台上已經出現通膨般的成長。那麼，最理想的教學影片是什麼模樣？有人曾經針對物理學影片作過研究：利用影片教導受試者牛頓運動定律，例如物體受到的外力等於質量乘以加速度。在一部影片中我們見到有人坐在車內，其中一次車子在五秒鐘內從時速五十公里煞車到完全停下；另一次則從時速一百公里煞車到完全靜止，結果第二次的時候，車內的人對安全帶的壓迫力較大，表示制動力較大。其他教學影片作法也類似。

實驗進行時，研究人員將受試者分為四組，分別觀看不同的影片。其中第一組看的是由老師講解牛頓運動定律的傳統授課影片。第二組除了觀看授課影片，還加上如何運用這些定律的有趣範例（例如前面提到的，從較高的速度煞車）。第三組觀看的影片則是在講解定理之後，隨即破除一般人對力學的常見誤解（例如誤以為動量等同於力）。第四組觀看的影片中只有一位老師與一名學生之間的問答，主要由老師針對學生誤解的地方提出說明。接著檢測受試者從這些影片中學到了多少，結果：第三與第四組表示這些影片把他們搞糊塗了，而且在評估自己的學習成果時，他們的自我評估低於第一組與第二組。這種結果聽起來很有道理，因為第一部和第二部影片都直接且清楚針對主題解釋（甚至還補充簡單明瞭的範例）。

不過，接下來的理解測試卻出現了不同的結果：在變化題和應用題方面，第三組與第四組的表現優於另外兩組，尤其是在此之前不了解牛頓運動定律的人，這種效果更是顯著。[46] 換句話說：知道得越少，從易懂好記的影片得到的收穫便越少。或者當我們想以明白、易懂、好記的方式傳遞知識時，效果反而較差。

比較理想的方法是，**製造一點困惑**，這時學習者雖然會暫時感到迷惑，但這種迷惑正是滋養理解過程的基礎。因為理解意味著，意識到自己的界限何在，或者常見的陷阱與誤解潛藏在哪裡，並利用這一點建構屬於自己的思維模式。

那麼，我們為何很少利用這種互動來傳遞知識呢？

2015 年，有一項概括性研究探討優良的知識展演具有哪些特色，結果顯示，易懂好記又毫不矛盾地將訊息呈現，創造出來的是一種虛假的理解。[47] 我們以為自己已經了解，因為那些訊息是用那麼棒的手法呈現的；而由於避開所有的矛盾，因此令人感到舒坦。結果是，我們為自己打造了一個知識舒適圈，但理解得不多，因為我們沒有那麼密集探究某個特定議題，而這種偷懶的作法又恰好是批判性（或者也可以說是「科學性」）思考的反面。

隨便你問哪個科學界人士，他們都會說，他們絕大多數的實驗與嘗試都失敗了，但唯有這樣我們才能形成理解。這些實驗與嘗試最後看起來都明晰易懂，是因為我們最終只會發表成功的實驗。

諷刺的是，我們追求簡潔、直接，並且避開矛盾。如果我們能將某個主題講解得簡明扼要，就能在網路上賺大錢。但上述的研究清楚顯

示：再沒有比自己親自犯錯更有效的了。

　　有人研究過，如果我們只是討論他人的錯誤，對某個事實（例如了解標準差這樣的數學法則）的學習效果是否也同樣好。結果是，這只是第二好的作法。自己親身犯錯的組別，更能將所學應用在其他問題上，而且他們能建構比從旁知道其他受試者所犯錯誤的人更深入的理解。[48] 就此來看，記住伴侶生日的最佳方法便是忘掉他們的生日一次——前提是，你必須有第二次機會。

步驟四：最後要明白

　　我們都知道，所有工程師都追求完美，沒有誰會製作只能 80％ 運作的設備。因此，工程師的死對頭便是錯誤。但是教育可就不同了，因為當我們在正確的時機安排錯誤時，錯誤便能在學習中全力施展它神奇的力量。

　　有項實驗請一組未來的工程師研究一件真實案例，之後才提供正確的解決方案。另一組也獲得一模一樣的解決方案與案例，但順序顛倒：先獲得解答，再看案例。結果，先絞盡腦汁研究真實案例的那一組，後來在解決其他案例的表現上較佳；不過，必須在他們也學到正確的解決方案的情況下。[49]

　　道理顯而易見：多方嘗試、測試界限、犯下錯誤、互相交流等都非常重要，但最後釐清事理也同樣重要。我們對事物的理解，必須建構在我們也能實際應用自己的思維模式。仔細檢視這個領域的眾多研究，我

們便會發現，若想形成深層理解，巧妙地從不明白跨越到明白，這個關卡是非常重要的。這一點不僅適用於數學問題，在醫學、工程學或生物學教學上也都適用。[50]

　　自 1993 年來，斯圖加特火車站的主建築上頭便展示了黑格爾（Hegel）的一段話：「……怕犯錯本身就錯了。」（……daß diese Furcht zu irren schon der Irrtum selbst ist.）在「斯圖加特 21」（Stuttgart 21，譯按：對斯圖加特市鐵道樞紐進行交通與都市設計重組的工程）飽受反對的時刻，這句富有前瞻性的話更展現出全新的境界。這句話至今依然適用：若想理解事物的道理，我們便須主動探究，並且甘冒跌倒的風險。而跌倒之後不再爬起來的人，便須忍受大大的不確定與不明白，但它們並不會讓我們進步。我們在保護良好的教育環境中互相協助，正是這一點啟動了我們腦部的理解過程。

3.4　誘惑力──未來教育導論

　　數月前，我在下薩克森邦（Niedersachsen）某個盛大的頒獎典禮上發表了一場演說，主題是有效教學。這次的盛會是為了表揚優良教案，教案的內容從機器人工坊、新型飛機到為時數日的生態系專題等，包羅萬象，展現出豐沛的教學創造力。

　　但更令我印象深刻的是，為學生構想出這些教案的教師，對自己所做的事全都散發滿滿的熱情。而在這一刻，我可以想像學生上他們的課，一定能享受到莫大的樂趣。

　　這正是關鍵所在，因為教育是一種「樹人事業」（people business），無論在學校、職場、演說、夜間活動，在電視上或朋友圈中，想要「傳遞」知識，都必須能鼓舞人心。

　　世界各地都有人對學校體制及教育型態感到不滿，就連在新加坡這種基本上制度很棒的國家也如此。大家都在忙著討論，學校是否該配備平板電腦、小學是否該到六年級才畢業（譯註：德國小學大多為四年制）、三類分流的學校制度到底好不好等等。然而，我們卻太少探討知識究竟是什麼，以及我們如何傳遞知識。重要的不是上什麼學校，而是在學校裡做些什麼。

如果我們能應用本書介紹的理解法，就算用石板和投影機，也能把課上得萬分精彩。反之，如果大家不懂理解的關鍵在哪裡，就算有最棒的學校體制也無法有效教學。

那麼，如果我們希望能幫助他人理解，實際上該怎麼做？有時倒過來，看看怎麼做「行不通」也是一種辦法，因為這樣更能清楚凸顯出其中的道理（還記得，我們是透過「對比」建構思維模式的嗎？）。

在 YouTube 上播放的廣告短片往往會配合影片本身的內容，我自己也看了一支放在我探討「學習與理解」的影片前的廣告短片，這支短片介紹如何撰寫科學文章（例如專題報告）、分析文獻及如何將以文字呈現知識等。

其中最重要的五點建議如下：

1. 效率：別依照時間順序進行，這樣在時間壓力下可能無法如期完成。
2. 心態：避免探討基礎研究，要把重點放在能吸引人的內容。
3. 主題：先想好要做什麼再開始。
4. 創造好印象：文章不是寫給自己看，而是寫給考官看的，因此應該先思考教授重視什麼，再根據這一點下筆。
5. 慎選材料：避免處理過多資料而浪費精力，應該從一開始就慎選相關的資料。

這些建議當然都立意良善，對不知道該如何著手的學生也頗有幫助。但這些建議同時也凸顯出當前的教育風潮，以及哪些事是我們該避免的。如果從一開始就著重在「重要的」資料上，我們反而無法真正理解。「十個點子裡最後只有兩個有用嗎？那麼從一開始就專注在那兩個好點子，跳過其他八個吧！」這是典型的德國作風，卻忽略唯有先多方嘗試，我們才能發現個中的道理。

我們也不會說：「平均來看，經歷過五次失敗的關係後，我們才會找到自己的終生伴侶，那麼不如省掉前面五次，直接找那個對的人！」在通往理解的道路上，我們不得不生產許多「瑕疵品」，唯有這樣，我們才能抵達目的。

前述五點建議正顯示這種追求效率的態度，但這種態度往往會阻礙我們真正的理解知識。我們當然要想好結構組織、慎選吸引人的主題（順帶一提：基礎研究也可能很有趣）。可是高效工作，讓自己符合教授的願望，講求時效，這種作法絕對無法帶來理解。這麼做也許能得到「A」的成績，但如果我們只專注於滿足別人的要求，最後能留下什麼給自己？

我們當然不可偏離主題，也必須注意相關的規定，但我們仍然必須獨立自主地進行批判性思考，而不是把自己當成在考試系統中盡可能有效運作，符合需求的幫手。知識畢竟不是一袋麵粉，可以從這裡移到那裡，或是存放在某個地方。

我們總還以為，效率是學習的關鍵因素，難怪那些號稱能盡可能快速處理許多訊息，並且獲得最優異的成績的教育與學習法總是大受歡

迎。但在考試過後，他們卻抱怨自己什麼都忘光光，或者只學到不知為何要學的東西。

教育是誘惑力的最高境界

誘惑是一種激發人們對未知事物興趣的能力，這也正是教育的基本法則。為了達到這個目的，現在人們喜歡把知識包裝得逗趣又幽默，換句話說：富有娛樂效果的，必然也特別易懂好記。但如果深入研究一篇知識性文章中的笑話是否有助記憶，我們卻會發現，受試者反而會將笑話誤當作文章的內容。[51]

換句話說：如果想讓人維持對某個議題的興趣，則幽默逗趣的效果有限。這就如同我姊姊對我說的：「漢寧，你看《柯夢波丹》（Cosmopolitan）的猛男月曆，裡頭十二個人中可能只有三人露出親切的笑容，其他人全都目光憂鬱、性感地凝視著鏡頭，因為女人並不喜歡小丑。」你不信嗎？不信的話，不妨實際測試一番，請某人露出「性感」的眼神，那麼，無論是男是女，沒有誰會露出開心的笑容，因為誘惑力的基本法則就是：太快就真誠微笑的人，會被歸類為「朋友」，頂多只會成為我們的好夥伴，但絕對不會被當成伴侶。

富有誘惑力的眼神接觸該是深邃、具穿透力又曖昧不明，或者是一抹羞怯的微笑，彷彿在告訴我們：「這裡有個祕密，來，將它揭開吧！」因為把自己包裝得像耶誕禮物，這正是誘惑的本質，而知識也是同樣的道理。

也許並非人人都這麼想（或許你認為逗趣的人也可能成為伴侶），但這是很普遍的道理。若想誘發人們的興趣，最成功有效的辦法便是：不透露訊息，創造神祕感，這樣才能讓人產生好奇心。就像蘋果公司也不會公布硬體研發部門的每個進度，而是巧妙地延遲到發表會上宣布，並且在之前便散播一些謠言，最後才在萬眾矚目下發表自家的新款智慧型手機。

市場行銷的原理也相同：其中一個重要的基本法則就是對資訊保留一手（「九月將推出下一款重大產品，敬請期待！」）Netflix 或 HBO 收費頻道的賺錢手法是，在每集最後不揭露謎底，而是巧妙安排懸疑的劇情令人心癢難耐，不知不覺就一口氣追了十集的《權力遊戲》（*Game of Thrones*）。近年來，這種「水平敘事法」翻轉了我們的觀劇習慣。在二十世紀九〇年代，每一集的《法肯瑙林務所》（*Forsthaus Falkenau*）最後都會真相大白，可以每一集獨立觀賞，但現在這種作法已經無法綁住觀眾了。

就連新聞節目或 YouTube 的標題也採用這種手法，例如：「河邊站著一名男子，接下來發生的事即將改變他的一生。」**我們刻意對訊息保留一手，因為我們知道這樣能吸引人心**，唯獨在教育和傳遞知識時，我們仍然要求直白又快速：知識碎片的型態、易懂好記、切中要點、容易消化又不複雜。認為知識能像未經包裝過的耶誕禮物一樣高效傳遞，這樣的想法實在太過愚蠢，等於剝奪人們自己探究事理的能力，將他們降為知識消費者，最後會毀掉所有的好奇心。

我們為什麼不能像一季的《權力遊戲》般傳遞知識？為什麼一定得

在每個知識碎片中立即將一切揭露得一清二楚？我們**何不在學校課堂加上懸念**，這樣應該不賴。對了，我認識的最棒的教師們就是這麼做的。至於哪些方法我們可以繼續採用，哪些陷阱我們應該加以避免，這些都將在以下的篇幅中詳細介紹。

讓稅法重新變得迷人！

有誰會主動想了解多項式函數如何解析、中世紀封建制度或威瑪古典主義（Weimar Classicism）文學？這種人應該是極少數吧。但與一些真正枯燥乏味的實務內容，例如所得稅或醫療保險政策等相比，前述的主題還算有趣。凡是抱怨哪些科目單調無趣的人，不妨參加一場探討當前洗錢法的培訓研討會，相信之後他們就會發現拉丁文的動詞不規則變化簡直是個驚喜。

但如何以優雅的手法教授這種枯燥的主題，才是一大挑戰。因此我們在為法蘭克福某金融企業開發課程大綱時，便採用了之前我們介紹過的所有方法。這家企業每年舉辦的培訓日程超過五萬個日子，探討諸如「醫療保險如何運作，以及市場上有哪些相關產品？」等議題，並且採用傳統上以教師為中心的教學法。

我們的考量是：如果翻轉原來的作法，鼓勵參加講習的人員主動參與思考，結果會如何？

例如向學員提出：「各位，假如你們是德國聯邦總理，希望德國民眾生病時能享有良好保障，那麼，你們會怎麼做？」或者：「請想像你

們是俾斯麥，你們發現伴隨著德國工業化的腳步，許多民眾因為沒有醫療保險而喪命，那麼，你們該如何確保人人都能享有醫療保健（還有，該如何支付費用）？」接著便請受訓者動手設計一套醫療保險制度。儘管大家已經知道私人與法定醫療保險的道理，但通常應該沒有人能憑一己之力研擬出德國保險業的詳細內容。不過沒關係，只要從一開始便了解醫療保險的目的與基本概念就行了，下一步則必須運用這些概念，借助具體案例來制定諸如家戶或單身人士該如何投保的辦法，最後才會針對解約規定或退稅等提出具體、詳細的說明。老實說，如果有優質的講義或線上影片等供大家參考，學員們事後就能輕鬆學習這些深入的特殊案例。

重要的是我們介紹的教學法：避免單向傳遞知識（也就是由主講人向學員講授），應該以問題或任務吸引他們，讓他們多方嘗試、彼此交流，交換創見，主講人的責任只是提供一個實質平台，勾起參與者對主題的興趣，令他們產生困惑並創造不確定性，接著在未來兩天一步一步釐清這種不確定性。

在制定洗錢法時，當然也能運用這種方式來請學員進入情境思考：「你們是黑手黨頭目，要避免黑錢的來源曝光。那麼，你們會怎麼做？」或是：「如果你們想創立黑手黨，會怎麼做？」（我聽過最令人拍案叫絕的答案是：「我會先建立警察網絡！」）[52] 之後主講者才說明如何聰明制定洗錢法。

這種教學法採用我們之前所介紹的：「想讓人學會，可以用好懂又有效率的方式教導。但若希望他們也能理解，就必須考慮理解的三大主

軸：將事物分類、詰問並應用在新的情況上。」

現代教育翻轉課堂！

最重要的是，別讓知識變得容易消費，要讓人們自己領悟。前面我們提到的醫療險不過只是眾多翻轉教學的辦法之一。重要的是，其中每個步驟（就算在探索且多方嘗試的情況下）都必須加以操控。我們的目的不在盲目犯錯，進而從錯誤中學到什麼；而是要像我學生時代的數學老師所說的：「各位，如果你們不知道要如何解題，就先猜。但不是胡亂猜，而是要用理智和判斷力。只要能提出這麼猜的理由，就等於是在研究這個問題。」日本也是用這種方式上數學課的。西方往往避免犯錯，並且在課堂上明確教導該怎麼做。但日本的數學課卻是先提出新問題，讓學生自己嘗試解答。[53] 唯有當我們（在經過操控的條件下）失敗，發現這樣行不通，我們才會懂得正確的解法為何可行。換句話說：我們比對不同的思維模式，以批判的態度提出詰問，並且將它們應用在新的事件上。

沒錯，這正是理解的三大主軸。

對於如何執行這些教育理念，存在著不同的觀點，其中一種目前盛行的作法稱為「翻轉教室」（flipped classrom）。這種教學法有它的優點和缺點，而基本的道理則相當簡單：既然在我們這個時代，所有資訊都能上網取得（例如維基百科、Google 或 Facebook），課程就該聚焦在解決問題，所以先出家庭作業，讓學生為下一堂課備課。他們通常必須

先觀看介紹某個主題或問題的影片，這樣上課時就能具體運用在習題或範例上。

構想很不錯，可惜想得不夠周全，因為這種作法並沒有真正翻轉傳遞知識的方法，依然是先針對某事提出清晰且易懂的說明（例如在家備課時觀看的影片），接著計算練習題，依然是舊瓶裝新酒。二十多年前，我就已經有過這樣的家庭作業：事先閱讀一篇文章，為下一堂課作準備——與「翻轉教室」類似，差別在於現在用影片備課，但情況並沒有改善。

在最好的情況下，翻轉課堂的實際效果也僅是普普通通而已：某些研究顯示，這種翻轉課堂的手法只能略微改善學習進程，[54] 其他研究甚至顯示，長期來看，這種教學法在批判性思考與學習效果上，與傳統教學法差別並不大。[55]

而概括性的研究甚至顯示，翻轉教室的教學法無法提升學生滿意度，而且在學習成效上（如果有的話），相較於傳統學習法，翻轉教室的學習法也不具多少優勢。[56] 原因之一在於：翻轉教室雖然打破傳統依照時間順序的教學型態，卻沒有翻轉內容。

但這種學習（或者應該說是「理解」）研究清楚顯示，自己的失敗（建設性犯錯）才能帶來真正的理解。不過這時候我們應該特別注意兩件事：一，從一開始就該提出任務、問題或謎題。二，我們想用來激發學生注意力與好奇心的難題，必須由學生在群體中共同解決，接著我們必須提供學生正確的答案與學習內容。

有一項研究探討翻轉課堂的方法是否適合大學採用（演化生物學或

生物化學的進階課程。身為生物化學家，我可以保證這些「材料」絕對不簡單）。學生們必須先在家預習這些大學課程的參考資料，但不只是被動地觀看學習影片，他們還必須主動回答相關問題（大家或許還記得，對訊息進行測驗，能為學習帶來最大成效）。此外，這些學生還必須事先以社群媒體彼此寄交相關的理解型問題。

研究人員鼓勵學生收集偽科學資料，提出批判性質疑，並且與其他同學分享自己的知識缺口。簡單來說就是：在備課階段就燃起他們對課程主題本身的熱情，在課堂上則將學生的準備成果集合起來討論，再用來解例題。這種主動詰問、嘗試及團隊合作成果如下：翻轉教室的學生最後不僅學到事實知識，還對這些事實提出批判性質疑，並且能解決新的問題。[57]

現代教育運用數位（與類比）媒體

2019 年九月，我無意中發現市場研究機構蓋洛普（Gallup）一項有趣的研究，該研究探討在教育現場採用新媒體的可能性。這次的調查顯示一種明顯趨勢：數位學習（e-Learning）正日漸普及，未來將逐漸取代教育現場的傳統媒介。

研究顯示，接受調查的三千多名教師中，已有三分之二採用數位媒體（指網路、App、線上教學、遊戲、影片或程式等）進行教學。[58] 其中 77％表示，數位學習確實對學習過程有助益，而且效率更佳。但與此同時，卻只有 27％的教師表示自己掌握足夠的訊息，能評估數位學

習的品質。

　　我們不妨粗略計算一下：如果所有教師中有四分之三表示數位學習有效，四分之一表示不清楚為何有效，這代表有半數教師雖然在課堂上採用數位工具，卻沒有獲得這些工具是否真正有效的訊息；這種情況叫作炒作。

　　同樣耐人尋味的是，這項研究也訪問了教育機構的官員，他們對數位媒體在課堂上運用的可能性，評估甚至高於教師——但他們卻更不了解數位媒體。看來，越少在課堂上使用智慧手機等媒體的人，對數位媒體反而更加熱衷。

　　這一點也不奇怪，針對課堂上「數位科技」主題進行的研究，對這種炒作大潑冷水。2017 年有一項研究調查筆電使用對美國軍事院校的學習成果有何影響，結果顯示：無論是能自由攜帶筆電，或者只能使用桌上的筆電（不可自由攜帶），都會使考試成績變差。[59] 研究中其他教學法維持不變，而美國軍事幹部培訓處的未來人才也不可能懶散或沉迷筆電，無論什麼時候（即使是用筆電學習時）應該都抱持高昂的學習動機。大學裡的情況也相同：筆電的應用也導致學習成果變差，對男性與成績低下的學生，負面影響更大。[60]

　　理由之一是：我們接收螢幕資訊與接收紙本印刷的情況不同。例如**在閱讀電子書時，內容的空間或時間定位會變得混亂。反之，閱讀紙本書籍時，相較於閱讀電子書，我們更能掌握故事的時間進程。**[61] 也許有人會說，在設計電子書時，我們可以讓讀者與書本內容形成更多互動，例如可以加上動態圖案或動畫，使內容更活潑生動，但這種作法反而使

數位工具的效果變差。研究顯示，受試者在幾近「赤裸」，沒有熱鬧的動畫畫面時，對數位文本的記憶反而最好。[62]

好吧，這些零星的研究顯示，我們不該毫不批判地採用數位科技，但就教學法來看，數位媒體的成效又如何？顯然比我們想像的要好。2018 年一些概括性研究總結數十篇科學論文，顯示可攜式數位工具對學習成就（至少在經常利用數位工具的自然科學與數學類學科上）確實具有短期的正面效果，[63] 但效果通常相當短暫。

在探討數位媒體教學成效的研究中，少數超過一年的研究顯示，與傳統教學法相較，使用數位工具，效果沒有更好，也沒有更差，至於原因則有各種揣測，其中一種可能的解釋稱為「酷謬誤」（Coolness Fallacy），因為數位學習將一股新鮮空氣帶進教育領域，即使與傳統教學法在概念上並無差別時也如此：家庭作業是看 YouTube 影片，這種作法好酷，短期之內也能激發動機。但長期來看，這種效果會逐漸退燒，而大家也會發現，新科技並沒有革新學習與理解的基本方法。

這些基本方法都經人研究、考驗，廣為人知，而本書也都介紹過了。那就是：透過測試與詰問學習，透過分類與休息（交叉學習與間隔效應）理解、主動解釋、善用犯錯及群體內的交流等等，可惜 App 開發人員鮮少採用這些方法。[64] 相較投資在教育數位化動輒以億計的龐大金額（估計 E 化教學的全球市值來到一千九百億美元）[65]，這種情況頗令人失望。換句話說：善用教科書，效果優於平庸的學習應用軟體。

造成這種問題的原因，往往在於我們並沒有好好利用數位工具的優點。如果比較數位工具在課堂上的運用，我們便會發現，只要正確使

用，數位媒體確實能為學習成就帶來些許正面作用。[66] 數位工具具有個人化與互動合作的優點，我們應該善加利用，比如用來鼓勵大家共同猜想、解謎。

前一陣子我見到一款某應用軟體開發團隊為大學生（或所有想學習的人士）開發的益智競賽軟體，堪稱是針對考試的知識問答「決鬥」。不過，使用者不只被動接受事實知識的測驗，還必須自己提出問題與同隊同學對抗。有趣的是，答題的學習成果遠不如自己提出新問題；如果再加上同隊分組競賽，這款軟體更是學習的絕佳輔助。

儘管數位變革令人驚豔，但數千年來，人腦學習的運作方式卻沒有因此而出現大轉變。所以，未來教育仍然要以我們介紹過的基本道理為準則。不僅如此：類比方法在未來甚至倍加重要——而人們也會願意為此付費。想要的話，現在我已經能在線上觀看某些頂尖大學的講課內容，但我不會為這種東西付錢，我寧可為優質教育付錢，二者可是不一樣的。

我願意為了我們無法輕易數位化的東西而付費：好比在團體中交流與合作。本書所舉的例子清楚顯示，為了求取知識，大家共同嘗試是非常重要的，因此醫療保險機構的工作坊聚焦在無法數位化的東西：提出犀利的問題、共同合作、推導正確概念並應用在案例上。這才是教育的未來。

但這並不表示我反對進修課程採用數位媒體。恰好相反，如果數位與類比，兩種進修型態能交互運用，那麼採用數位媒體絕對有其意義。只要能重視理解的基本原理，我們在教學上絕對能搭配線上預習和複習

（例如透過小測驗或提問，提升學生線上作答的興趣）。如果能以這種傳遞知識的方法輔助（而非取代）類比式教育，效果更勝傳統以教師為中心的教學法。不過，參與者認為這種混合式的進修型態比傳統型態更加辛苦。[67]

在閱讀過本書前面的內容之後，你應該也知道，這種「合意困難」通常有助於我們理解事物的道理。

基於這個理由，未來教育或許會分成不同的走向：一邊是便宜又唾手可得的數位資源，堪稱是「速食型」，可以隨時「享用」的數位學習。一邊是類比式的深度教育，費用較高昂，並且持續被菁英壟斷。現在一些大學已經開始把授課情形放到網路上供大家利用了。第二步，這些課程也會配合智慧手機等移動式電子裝置，將應用效率最大化。第三步則是更加個人化，可以針對使用者量身打造線上課程，就像亞馬遜、Spotify 或 YouTube 等向顧客推薦產品一般，顧客能使用個人化的教育節目組合包。

現在許多大學和企業都面臨專業人才嚴重不足的窘境，因此它們莫不努力壓低這種教育型態的費用並大力推廣。如果某個線上課程有一千萬人觀看，只要每人支付一美元的費用就很划算。此外，利用這種方式，還能培養如果沒有這種教育管道，原本進不了大學或企業的大量專業人才，怪不得 Google 要在美國創立線上課程，而 2019 年一經開放，立刻有七萬五千人註冊使用。[68] 這麼一來，那些原本被三十歲左右的男性、白人掌控的資訊科技業排除在外的人才有了機會。

Google 打的算盤很簡單：如果擴大這種教育服務，就有機會吸引

全球約兩百萬人。那麼只要有十分之一的人完成其中的課程，就能填補美國目前約二十萬個資訊產業的人才缺口，另外還能提供其他 90％的用戶幾乎免費（每個月僅需支付五十美元便可享受 Google 的節目，與其他進修課程相較，費用實在低廉）的教學課程。

數位寬頻教學能為個人化學習提供相當全面的管道（之前優質教育管道還相當有限的地區也享受得到），這是一樁好事。不過，除了這種平價教育，或許還會有另一種教育菁英利用的資源在未來日益昂貴，這種無法數位化的資源就是「人際交流」。換句話說就是：就讓一般大眾在線上平價學習吧，但我們樂於為類比式優質教育付錢。怪不得恰好在加州這個數位產業重鎮，家長紛紛把孩子送往全類比教育的學校。[69] 比爾・蓋茲（Bill Gates）與史蒂夫・賈伯斯（Steve Jobs）都嚴格控管子女使用智慧型手機 [70]，而矽谷的教育趨勢更是日益朝類比方向走 [71]：這些人付錢，是為了限縮數位工具的使用。說不定這又只是另一種炒作（而這在加州，這不會是第一件炒作）。

現代教育從遊戲中學

我在美國加州柏克萊（Berkeley）上過的一門課，主要在探討人為因素對專案團隊有何影響，課程目標在找出團隊成功的要素。這門課特別的地方是，既沒有考試，也不是以教師為中心，而且不計分，沒有結業測驗、家庭作業或課本，有的只是遊戲，許許多多的遊戲。我們分組競賽，搭蓋堅固的塔樓，讓積木保持平衡，用砂糖做出「有創意的東

西」，或是找出能越過障礙物，以最快速度運送水桶的辦法。只要贏得一種遊戲就能得分，而即使輸了，只要能分析自己失敗的原因，也同樣能得分。

課程進行的方式一成不變：將學生重新打散分組，讓他們絞盡腦汁解決問題，目標則是最後能對下列問題提出解釋：造就成功團隊的原因、團隊中可能出現哪些阻礙、如何成為優秀的團隊領導者，或者該如何面對團隊裡的衝突等等。

這些主題我們原本也能在書中尋求解答，但後者的效果就沒這麼好了。例如透過遊戲能讓我們理解，人們在團體中會變得比獨自一人時「笨」，當我們與他人合作解決問題時，智商確實會降低十分左右。[72] 造成這種團體迷思效應（groupthink effect）的理由五花八門，例如我們會跟著別人走，會把精力浪費在解決衝突，在團隊中會偷懶等等。但唯有曾經在團隊中與時間壓力下解決棘手問題的人，才能親身體會喪失的這十分智商究竟意味著什麼。

遊戲棒極了──當我們知道成功的遊戲該如何運作時。2018 年有人探討過，學習遊戲大多是如何設計的，結果是：這些遊戲最常見的元素是得分、獎章、升級，以及讓玩家排名的排行榜等。[73] 分數、獎章、排行榜，這三種抓住玩家的因素有點類似現代版的馴獸法：如果你做了某件事，就可以獲得獎賞。這種說法也許有點難聽，其實並沒那麼負面，因為研究顯示，這種方法確實能帶來學習成就，但成效往往不大，而且維持不久。[74] 長期來看，借助學習遊戲的進修課，效果大約等同於傳統課程。[75]

大家可別誤解我的意思：如果無法讓所有進修者一起上課（例如大公司員工），而且學習目標明確，那麼利用遊戲、益智遊戲、拼圖或思考題等工具（數位的亦可）絕對值得。一家德國大型零售商每年必須針對企業內領域（例如商品學）提供七萬多名員工進修課程。除了一定有的課堂訓練之外，還以互動式問答遊戲程式輔助，讓員工們可以一起玩。[76] 如果學習內容相當明確（例如「現金支付」、「分店」等主題），這種工具便是極佳的輔助，但永遠無法取代如何激發人們對某個主題的興趣，這樣的基本教育理念。

玩遊戲時我們志在必贏──這是矽谷年輕資訊產業呆子才會有的想法，怪不得不斷有人開發在虛擬環境中回答正確單字，或是玩家可以互相比賽的益智遊戲，因為他們認為這是最理想的學習方式，因為幼兒就是在玩中學的。

這種說法雖然沒錯，但請看看小朋友是怎麼玩耍的：**最好玩的遊戲並不在爭輸贏**！好吧，家中有五歲孩童的人一定會堅決反對我的說法，因為幼童往往非贏不可。我知道自己在說什麼：直到今日我母親都還保留一副紙牌，當時四歲的我氣得朝紙牌咬下去，而三十年後，我的乳牙咬痕都還清晰可見。

儘管如此，我的觀點依然不變：真正有意思的遊戲（不僅能從玩中學，還能從玩中理解）是不論輸贏的。這就像我們玩樂高、摩比人（Playmobil）、玩具車、積木、洋娃娃或恐龍，這時候該怎麼「贏」呢？能讓我們建構新知識的遊戲，結局總是開放的，重點不在熟諳遊戲規則贏得高分，而是在玩樂中建構自己的規則、測試，並且和朋友共同

嘗試。你不妨仔細觀察小朋友在玩摩比人時多常使用虛擬句——**這種「如果怎樣，會怎樣」的思考方式，是電腦完全不懂的。**

現代教育讓教師更自由

在漢諾威（Hannover）表揚優良教案的頒獎典禮上發表演說後，我在離開會場時發現這些接受表揚的教師對自己的教案有多麼的熱情。這些教案的共同點讓我們見到，我們應該賦予教師更多的自由與可能性，讓他們能開創新教育與教學法。未來，教師的職責不在盡可能以簡潔易懂的方法傳授知識，他們的角色反而更像教練，在學生的學習之路上給予協助。[77]

在激發好奇心與熱情這一點上，沒有哪個職業像教職這麼重要的，但也沒有任何一個職業像教職這麼容易令人喪失熱情。就像我一個住在法蘭克福的教師好友所說：「我是老師，現在三十歲中旬。只要我想，下一個三十年我還是可以照現在的模式做下去。」在這個時代，還有哪個行業是這樣的？

現在處處可見轉換工作跑道、公司收購、改變商業模式、公司合併、破產、新創公司等，簡單來說就是：有許許多多的機會讓我們重新定義自己。在教學上，我們當然也能離開舒適圈，可以進修，可以換學校或是嘗試新的教學型態。但我們應該讓這些轉變更容易達成，何不來個「教師學術休假」，讓教師們每六年可以在大學進修一年？或者不僅在學校教書，偶爾也能為企業授課？

我認為，教師是個很棒的職業，而在一個沒有多少天然資源的國家，教師更是最重要的職業之一。我們沒有原油可供開採，但我們擁有腦子裡有好點子的聰明人，因此值得我們投資能形成這些知識的場所。我有幸與真正的好老師合作（我是自覺地使用「合作」的說法，因為我總是能和這些最棒的老師平起平坐──至少他們給了我這樣的感覺）。而所有我在撰寫本書期間再次接觸到的教師都證實：我們在課堂上必須給予學生自由，讓他們多方嘗試，從而自己建構知識。同理，我們也必須給予教師脫離舒適圈，保持他們熱情的自由。

不僅德國人，新加坡人同樣對自己的教育體系感到不滿，因此新加坡以教師為投資重點。新加坡的教師每年都會接受一百多個小時的進修課程，以掌握最新學習趨勢，學習各種教育技能，[78]換算下來相當於每星期兩小時！新加坡一班平均有 36 名學生，高於全世界的班級平均學生數 24 人，但他們寧可接受大教室，投資教師接受頂尖培訓，不要人數少的小教室，但平庸的教師。

對教師進行投資是優質教育的關鍵。2017 年一項針對教師進修的重要因素所作的評比（將芬蘭、新加坡、澳洲、加拿大與美國的方法相互對照），發現最重要的成功因素是：**在教育最為成功的國家，教師們經常有機會進修，並且享有彼此交流，且能與其他教育機構相互合作的網絡，**[79]大家相互學習，不斷檢討自己的教法。此外，他們的教學也經常受到評鑑，因此能獲得進一步的反饋與改進機會。

不過，我們不該過度重視學生對課堂的評鑑，因為研究發現，長期來看，學生評價最高的教師在知識傳遞的表現上並不優於學生評價略差

的教師。[80] 畢竟，教學有時必須有點辛苦和難度，你還記得我們在探討知識傳遞時介紹過的「有益困難」嗎？

這種評比研究顯示，知識是世上最重要的資源，而教育也已成為全球性的競爭了。重要的不是取得最佳畢業成績，而是取得最優質的知識。我姊姊大學讀的是化工（這個科系的女生只占全系學生的千分之幾），而能在她就讀的大學獲得「2」的畢業成績就值得驕傲。如果和全球學生競爭申請大學，我們的對手就是各國成績「1」的畢業生。但長期來看，最重要的是品質（也就是：知識、理解），品質應該才是教育的關鍵因素。

到頭來，教育志業才是知識社會的重要職業。在理想的情況下，**好老師同時也是懂得誘惑人心的藝術家**，他們能成為我們好奇心的代言人，引領我們進入新知識的殿堂。或者如同我從柏克萊遊戲課程帶回來的個中精髓：「老闆說：『去！』，領導者說：『來！』」[81] 這句話同樣適用於好老師。

3.5 五美元的奧祕：
理解能創造妙點子

美國加州史丹佛大學，十幾年前在「公司創建」課堂上，學生接到一項巧妙設計的任務。他們被分成幾組，每一組有五美元和兩小時的時間，而他們的任務則是把這五美元變成盡可能多的錢。當然，在上課之前，學生們有時間思考如何利用這兩個小時，並且在四天後向其他同學報告，身為未來的公司創辦人，他們會採取怎樣的策略。

他們會用這五美元和兩小時的時間做什麼？他們會購買水桶、肥皂和海綿，提供洗車服務嗎？他們會先買好幾個小麵包和香腸，賣起麵包夾香腸嗎？還是賭巴伐利亞隊會在下一場足球賽事獲勝？這些確實都能賺到錢，但賺到的錢都不多。最成功的一組在兩小時內賺了六百多美元，祕訣在於他們理解個中關鍵。

這組學生發現，五美元算不上什麼本錢，因此他們開始思考：假設他們根本沒有錢，只有兩個小時的時間，那麼可以怎麼做？答案是：可以為顧客解決問題，完全不需要這五美元。這組成員發現，加州西岸有些人氣餐廳很難訂位，於是他們便及時預訂某個週六夜晚的搶手座位，再轉手賣給不想久候的人。由於是高價餐廳，這個辦法正好能快速吸引口袋深的客戶。

最後，這一組大獲成功，而唯有了解其中奧妙的人才能射中飛鳥：別管時間和錢，看出這個實驗的真正價值就是在一群史丹佛頂尖學子面前進行的三分鐘報告！各家企業都在搶奪最頂尖優秀的人才，所以這三分鐘的報告可以提供給企業。言出必行，他們以六百五十美元賣出這份報告。[82]

許多文章都曾介紹這個絕妙的實驗，而這個實驗也為史丹佛大學推出的「全球創新競賽」（Global Innovation Tournament）開出第一槍，參賽隊伍必須在類似的創意任務中證明自己的企業家精神。這個實驗顯示出兩件事：一，即使是受過創意訓練的史丹佛學生，也不容易以創意完成這項任務。二，最佳創意的起點是理解事情的重點；而理解的三大法則對於他們是否成功，也扮演了重要的角色。能將問題分類、分級的人才能發現這項實驗中有著三種關鍵資源（時間、金錢、報告）。而重視這三種資源的因果關係的人便會發現，這些不同手法或多或少都能帶來成功，而具有學習轉移能力，並連結各種思維模式的人，則能獲得大成功。

這種「啊哈」恍然大悟的時刻是這門課程最重要的目標，這種時刻是突然發生、無法逆轉，並且能解決新的問題。在兩小時內靠著五美元盡可能賺到最多的錢，這種習題在我們往後的人生中肯定不會再出現。但我們應該另闢蹊徑、對事情追根究柢，並且提出解決問題的新觀點等等，這種思維模式將會在我們解決問題時，形成莫大的助力。另一方面，這個實驗本身其實也相當沒有效率：明知絕大多數的方法都不對，依然給學生幾天的時間思考對策。但就學生從中獲得的知識來看，效率

卻又極高。

發展新觀點的能力與學校制度、年齡或智力無關，而是關乎我們的態度，以及我們是否鼓勵人們主動質疑。可惜如今我們卻反其道而行，我們要求大家必須完美無誤且精準思考，但這種觀點卻漠視了創意永遠建立在打破思維模式，或是以不尋常的方法來連結各種思維模式。這麼做很辛苦，卻是發展出好構想的唯一方法。

2019 年有人進行過研究，想了解孩童們在學校時是否真的較缺乏創意（這是一般的想法），結果顯示，人們是否能創新，年齡、性別或智力都不是決定因素。更耐人尋味的是：雖然部分學童的創意確實下降，另一部分的學童創意卻提升了，而後者也較常違規或較常出現攻擊性行為。[83] 這並不表示因為蠻橫的小孩較有創意，所以我們需要更多的小霸王，而是要我們**質疑事物，不要太早感到滿意**。

如果我們一味要求（無論在何種學校體制或企業環境下）事事精準，我們就無法奢求之後能收割富有創意的點子。早在數年前就有研究顯示，華德福學校（Waldorfschule）與傳統學校的學生，二者在創意上僅有些微的差異。但研究同時也顯示：在創意測驗中表現最佳的，也是最不滿的學生。[84]

在一定的程度上，「不滿」可說是「不確定」激烈且令人不快的姊妹，而**「不確定」又是達成理解的重要方法**。如果凡事都清楚明白，而我們自己也感到滿意，我們又何必主動質疑，並研發新事物呢？心滿意足的人是不會提出問題的，他們只會安逸度日。抱持這種態度的人，很難對事物刨根究底。

理解的方法「定位」：為何要聆聽他人說的話

2000 年，西門子（Siemens）掌控電信系統的全球市場，其中資訊與通訊網絡（Information and Communication Networks）部門（例如固網基礎設施）堪稱是西門子的支柱，為公司創造高達 114 億歐元的營收與 7 億歐元的利潤。[85] 到了 2005 年，當時稱為資訊與通訊（Information and Communications，簡稱 Com）的這個部門營收更成長為 138 億歐元，[86] 由於電信正是當時欣欣向榮的市場，成長看似勢如破竹。一年後，在 2006 年時，西門子的 Com 部門卻畫下句點並遭到瓜分，一大部分出售給諾基亞（Nokia），五萬三千名員工失去工作，西門子面臨大危機。[87]

一個業績以億計，技術居領導地位的企業部門，為何會在一夕之間被打敗？原因是，他們沒有了解 2000 年後電信業的發展，因此被一名競爭對手擊潰。當時西門子原本有機會及時押寶另一種電信系統，可惜無人仔細聆聽。西門子採用的是傳統的電路交換技術，與電話剛開始，由「接線生」直接將通話雙方電話線連接時的技術類似，優點是通話品質優良，而且沒有時間差。而西門子的廣告也宣稱：最佳通話品質、聲音清晰，彷彿和對方同在一個房間裡。

與此同時，有一家企業研發出另外一種技術，是以新興的網路傳輸數據，將數據分解成極小的單位，再一部分一部分地傳送這些數據包裹。利用這種技術原則上也能通電話，因為對話也能拆解成較小的包裹，透過數據線傳送。缺點則是，通話品質沒有那麼清晰，而且會晚一

點才傳送到。

　　西門子不懂的是，對客戶而言，通話品質並不那麼重要，只要能和對方溝通就行了。在現實生活中，我們也經常受各種聲響包圍，既然如此，又何必要求電話必須達到錄音室的品質呢。何況，新技術在通話時還能同時傳輸數據，也就是可以上網。這種技術帶來電信上的大突破，並且在短短數月內幾乎完全取代西門子的技術。[88] 諷刺的是：後來的思科（Cisco）創辦人曾經在 1980 年代與西門子洽談過自己的構想，他們詢問西門子的負責人士是否願意投資，而西門子的答覆相當不客氣：「這樣哪行呢？如果可行，我們自己早就發明了。」[89]

　　無獨有偶：西門子把潰不成軍的 Com 部門出售給不久前研發出一種新型行動電話模型機的諾基亞，這種電話機裝有觸控面板與應用軟體。[90] 早在蘋果 iPhone 稱霸全球智慧手機市場前，諾基亞就擁有這項產品，但因當時傳統手機就讓公司賺爆，所以領導階層捨棄了這個設計部門的構想。七年後，諾基亞幾乎慘敗，而我們從這個案例再次見到：運動員在體力達到顛峰後，接下來就開始走下坡。時至今日，西門子的整體利潤尚能達到 2000 年代的三倍，[91] 也算是愈挫愈勇了。

　　還記得我們曾經探討將繪畫風格分類並加以比對的〈3.1 畫風差異：三種理解的技巧〉嗎：如果只是採用組塊式作法，一次集中觀察一名畫家的作品，就很難為新作品分類。效率越高，越是追求思想阻力小，我們就越看不到變化。因為**我們必須質疑並與其他事物比較對照，才能創生新的觀念。**

　　不過，這種話說起來容易做起來難，因為在面對新觀點時，我們的

第一反應往往是退縮，如同西門子高階主管或諾基亞的董事一般，拒絕新構想。假設站在他們的立場，會發現他們可能是這樣想的：有人帶著質疑自己商業模式，非常激進的新點子過來，這時我們如果贊同，就等於承認自己之前錯了。

　　科學研究也證明我們很難改變自己的看法。在某個實驗中，研究人員先提供受試者一些中性、溫和的陳述（例如：維他命劑有益健康）或政治主張（例如：基本上應允許墮胎）。受試者如果對這些觀點有自己的意見，研究人員便提出反面說法，例如維他命丸對健康沒什麼好處，因為人體無法完全吸收。有趣的是，只在非關政治、能以客觀證據反駁時，受試者才會改變自己的觀點。政治或個人色彩越濃厚的主張，人們越排斥與自己相反的說法，越是固執己見。[92]

　　多虧了腦科學研究，現在我們終於知道，這時我們的腦子為何這麼死板僵化：因為杏仁核與腦島（Insula）的緣故。腦島負責自我感受的建構，而在這個實驗中，很可能是杏仁核促成了防衛反應。換句話說，我們越是感到自己遭受攻擊，就越難以接受不同於我們的論點，連正確的事實也會遭到我們漠視，甚至用來鞏固自己的看法。

　　這個實驗同樣顯示，只有在我們活化另一個腦區時，才會改變自己的觀點：在我們思考與自身相關的事，提出「如果怎樣將會怎樣」的問題，或者是放下某一個問題，改而面對其他問題的時候，便會啟動神經網絡。

　　因此，**如果有人向我們提出新的想法或建議，請你仔細聆聽，並利用這個機會（雖然有時只是一剎那）從中獲益。請將你自己的觀點與**

新觀點對照比較，否則你就可能步上與諾基亞、柯達（Kodak）、雅虎（Yahoo!）、黑莓（BlackBerry）、美國線上公司 AOL 或雅達利（我特別惋惜雅達利的挫敗）相同的命運。

理解的方法「因果關係研究」：如何打造全新的自己

好創意通常具有一種特色，事後看來，它們總顯得極其簡單又理所當然，令我們訝異，自己為什麼沒想到：當然會出現智慧型手機，蘋果公司當然會稱霸智慧型手機市場；或者亞馬遜之於電子商務，Google 之於搜索引擎以及 Facebook 之於社群媒體等等。近年來的成功案例，事後看來似乎都有脈絡可循，但這些今日看來的理由，在未來看來不一定都正確。你不妨試想一下：我們認為自己是最聰明的，但五十年後的人其實會嘲笑我們。

從近二十年來的經濟發展來看，原本人人以為一定會出現，最後卻沒有修成正果的案例也比比皆是。

例如視訊電話。1990 年代末整合服務數位網絡（Integrated Services Digital Network）問世，德國電信（Deutsche Telekom）為視訊電話廣為宣傳，現在這種視訊電話卻只剩極小眾的市場。

Google 眼鏡（Google Glass）的數位眼鏡早在 2013 年便已問世，卻遲遲無法普及。

燃料電池車早在 1990 年代便已出現，卻一直未受到重視。

我還記得幾年前我最早的幾本書出版時，電子書正在出版界颳起一

陣恐怖旋風。當時預測，到 2014 年，人們會完全改讀電子書，紙本書與書店將會受到莫大衝擊。結果完全不是這麼回事，我上一本作品的電子書只占 10% 的銷量，不過總算還是高於電子書在整體書市所占的 5%（趨勢停滯）。[93]

智慧電視（因為人們不喜歡坐在客廳的網路攝影機前）或 3D 電視機的發展也類似，後者多年來一直功虧一簣。

今日我們同樣生活在一個充滿創意的世界，但我們卻不知道，這些創意是否能夠普及。自駕車便是其中一個例子。沒有人知道全自動駕駛車是否真能普及，因為一項產品是否成功，並非由汽車公司的研發部門決定，而是取決於市場。

有幾點理由預告了自駕車與前述炒作類似的命運：數年前有人做過理論模擬，想了解如果行駛在道路上的都是全自動機器人車，道路交通會變成什麼模樣。結果是：都市會變成人行道。[94] 因為在一個充斥著自駕車的世界裡，行人最大，一旦有行人出現，這種針對安全設計的汽車便會停下來。這個道理所有的行人都懂，於是在遇到汽車時，行人便會搶先。這麼一來，在行人交通號誌亮紅燈時我們何必止步？在中央車道上閒聊？沒問題！汽車反正不是停下來，就是會繞過去，結果自駕車裡的人便被降級到交通食物鏈的最底層。小時候，我和朋友玩過亂按別人家門鈴的把戲，未來說不定會有人玩起逼汽車煞車的把戲。這種擔憂可不只是理論而已，2019 年 Uber 這家運輸公司就曾表示，有行人與其他用路人故意找 Uber 自駕車隊的麻煩、排擠或是爭道搶先。[95] 未來自駕車不該缺席，但它們也是天生的犧牲者。

當然，情況也可能截然不同，三十年後說不定人人都坐著自駕車前往目的地。重點是，我們不知道結果會怎樣。不過，如果我們能理解為何有些創意發想成功，有些失敗的真正理由，我們就可能獲得成功。而想做到這一點，我們就不能老是從自己的觀點思考。從〈2.4 到底為什麼？如何辨識因與果〉你也見到，人腦必須就他人或其他立場換位思考，才能理解因果關係。如果我們不換位思考，我們就不懂事物運作的道理。

　　這就像雅莉安娜・雷尼（Arianna Renee）一樣，她在 Instgram 上擁有二百六十萬人追蹤，並且在 2019 年推出自我品牌的 T 恤。就一個線上粉絲達兩百多萬人的網紅來說，銷售應該不成問題，但她卻賣不到 36 件。[96] 雷尼顯然沒有考慮到她的社群的觀點，而正是這種「我」的執念，阻礙了我們的真正理解之路。

　　我在本書中列舉許多有助於強化理解的方法，其中一種威力強大的策略結合了建設性犯錯及隨之而來的反饋。這種辦法不僅對釐清事實狀況具有絕佳效果，也能開拓新的思考路徑，因為我們能從這種操控下的挫敗，發展出對事物的最佳理解。

　　身為教師，我們應該在教育上善用這種時刻提供新訊息；對企業而言道理也極類似，只不過其中的反饋並非來自教師，而是來自市場。所有帶給我們妙點子的師長，都是我們周遭那些在我們經歷挫敗後，提供我們改善意見的貴人。

　　比如在我們這個時代不會有人研發公車，因為：太不安全、太不易操控、太難賺到錢。公車的構想是人們直接上車，沒有指定位置，不繫

安全帶，沒有人監督有多少人上車，又是行駛在事故頻繁的道路上（在城市與鄉村中）。由於乘客沒有安全帶可繫，因此提供扶手和拉環，供乘客在緊急時穩住身體。雖然有這些問題，但公車仍然在路上奔馳，而且隨著近程大眾運輸的擴展，行駛甚至日益頻繁，簡直打臉理所當然要求百分百安全的自駕車研發者。

基於道德考量，我們開始思考在不得已的情況下，自駕車該撞老奶奶或年輕的女孩。但另一方面，我們又違背安全原則讓人不繫安全帶就上公車，這種學院哲學的討論實在荒謬至極！當時有誰會料想到，後來公車居然如此普及？既然這樣，現在我們又何必預告自駕車會有輝煌的未來？

小心思維錯誤的陷阱：因果關係研究未必能帶來理解，尤其在我們探討成功案例，卻忽略失敗或矛盾的案例時。因此在這一章我要特別提出幾個失敗的經濟案例，因為**我們從失敗中所學到的，往往多過從勝利中學到的**。在此我想提供各位一個實用的建議：想要了解經濟或社會發展，請務必關注失敗的人、企業或國家。

要做到這一點並不容易，因為人們總是受到「倖存者偏差」（survivorship bias）誤導，這種思考陷阱使得我們最終還是只看到成功案例。例如：請你 Google 一下「失敗者」，那麼，這個搜索引擎吐出來的並不是一份失敗者的名單，而是歷經多次失敗後，最後的成功人士。讀過華特·迪士尼（Walt Disney）、史蒂芬·史匹柏（Steven Spielberg）或 J. K. 羅琳（J.K. Rowling）等人經歷的人很可能會認為，失敗為成功之母。

當然沒這回事！「再試一次，再失敗一次，失敗得比上一次好一點。」（Try again, Fail again, Fail better.）是在失敗文化中，一段廣為人引用的話。但是很少人知道，這段出自山繆爾·貝克特（Samuel Beckett）的話接下來說的是：「再試一次，再失敗一次，再更好，或者最好更差。再失敗得更慘，再更慘，直到永遠想吐。」（Try again, Fail again, Better again. Or better worse. Fail worse again. Still worse again. Till sick for good.）。[97]

我們也可能一敗塗地，從此不想再碰，因為失敗一點也不好，沒人喜歡失敗。但一旦失敗了，我們就應該利用這個契機，了解怎樣可以改善，並且真的去改善。失敗往往比勝利更精彩，但勝利要比失敗美好得多。可惜勝利往往擋住我們通往理解的道路，因為如果凡事順遂，我們就無需推敲、詰問，但理解正是起於詰問。換句話說：只贏不輸的人，什麼都不必懂。但等到開始走下坡時，也就無需驚訝不解了。誰曉得今日的蘋果電腦，不會是明日的諾基亞呢？

理解的方法「模式思考」：如何自我啟發

在看了這麼多的失敗案例後，且讓我們再回到勝利的案例。科比·布萊恩（Kobe Bryant）是 NBA 史上得分第三高的球員，他的特殊投籃技巧稱為「後仰投籃」（fadeaway）：身體在空中往後仰，將球越過對手投入籃框。

布萊恩自己曾經表示，這種投籃技巧並不容易，稍一不慎，身體就

會失去重心。但他在 2014 年接受《紐約時報》（*New York Times*）訪問時提到，他為何能掌控後仰投籃的技術：那是因為有一次他見到電視上獵豹追捕獵物時，突然在高速奔馳中變換方向，卻能保持平衡。在變換方向時，獵豹會用尾巴維持重心，布萊恩運用的正是這個原理。從此以後，他在投籃時總會伸出一條腿來避免跌倒，[98] 因此在許多畫面上，我們都能見到他曲著一條腿的模樣——來自獵豹的啟發。

在追根究柢與解釋說明之外，結合不同的思維模式是理解及創新點子的第三種祕訣。每當我們以某個思維模式處理其他問題時，總會出現令人驚豔的結果。例如自 2017 年起，德國漢莎航空（Lufthansa）的機師與外科醫師攜手合作，雙方都能蒙受其利。因為無論機師或外科醫生，二者同樣必須在分層制度與高壓環境下迅速作出決斷，同時又必須保有批判能力。人人都可能出現人為疏失，德國在 2018 年就有 88 人死於醫療疏失，[99] 所以，大家何不攜手合作，利用機師的思維模式——反之亦然？

什麼與什麼連結並不重要，重要的是，**將不同的思維模式結合起來**，而前提則是，在此之前我們已經建構出一種思維模式（也就是理解）。這麼一來，我們就能發揮創意。

舉例來說，再過不久這本書即將結束，你可以將它合上，思考如何增進自己對事物的理解，或者以聰明的方式向他人傳遞知識。那麼，這就表示你讀懂本書了。但你也可以用這本書驅趕惱人的蒼蠅，在桌子晃動時用來墊桌腳，或是為壁爐生火。這麼做也表示你了解能用這本書來做什麼。就算你把這本書拿來生火我也不會生氣——歡迎你每次都用我

的書當火種。

「創意不外乎就是在不同事物之間搭建橋樑。」（Creativity is just connecting things.）據說這是賈伯斯說過的話。這種說法當然只說對一半，因為首先必須有可供我們搭建橋樑的材料。賈伯斯在大學期間上過字體學課程，這在數位書寫崛起的年代應該不被特別看好。但幾年後，字型應講求美觀，產品也必須符合設計需求等觀念在麥金塔（Macintosh）電腦上終於獲得體現。[100]

這種思維模式的轉移不僅適用於創意工作者，也適用於基本思維模式原本不著重設計的工程師。工程師的說法是：「形式追隨功能」（Form follows function），但他們依然必須突破既有疆界。數年前有人特別針對工程界做過研究，想了解富有創意的工程師具備哪些特質，結果是：比起專業能力，與專業不相關的知識更加重要。換句話說：新的思維模式更重要。[101]

也因此，我還沒見過沒有受益於非專業人士（無論是獵豹、航空機師或字體學家）的案例：**面對問題時，來自外界，出人意表的視野總是能帶領我們找到我們自己想像不到的對策**，至於這個對策是否有效，則是另一個問題。但隨後衍生的創新觀點，總是以不同思維模式的結合為契機。

我自己來自一個工程師家族，對於我自己「只做跟人腦相關的事」，我幾乎要感到愧咎，畢竟建設並改變這個世界的人是工程師，這一點確實沒錯。了解如何開創新的經營模式，並加以改良、運用的人具有前瞻力，我們需要這樣的思維。在一片廣大的通識教育背景之前，我

們才能理解事物的重點，從而研擬出有效的新對策。

Google 創辦人賴利·佩吉（Larry Page）與謝爾蓋·布林（Sergej Brin）起初並不想成為程式設計師，他們的目標在使全世界的知識可以簡單又迅速取得──一部世界知識的目錄──這可是一大挑戰呀！

亞馬遜了解人們的想法：人類很懶惰，利用這一點可以創造一種新的商業模式。

而 Facebook 則了解人們渴求社會認同，社群網路的商業模式於是誕生，至於後來再寫點程式，這則是小事一樁。

重要的是開頭的點子，以及如何發展出對事物的理解，以便改造這個世界。

參考資料

第一章：學習

1. 感謝傑爾特・斯寇貝爾（Gert Scobel）為我提供空氣分子突破界線的現象。

2. Hawkins DM (2004) The problem of overfitting, J Chem Inf Comput Sci, 44(1):1–12

3. French RM (1999) Catastrophic forgetting in connectionist networks, Trends Cogn Sci, 3(4):128–135

4. Simić G et al. (1997) Volume and number of neurons of the human hippocampal formation in normal aging and Alzheimer's disease, J Comp Neurol, 379(4):482–94

5. O'Neill J (2010) Play it again: reactivation of waking experience and memory, Trends Neurosci, 33(5):220–229

6. Jenkins JG et al. (1928) Obliviscence During Sleep and Waking, Am J Psychol 605–612

7. Lewis PA et al. (2018) How Memory Replay in Sleep Boosts Creative Problem-Solving, Trends Cogn Sci, 22(6):491–503

8. Schuck NW, Niv Y (2019) Sequential replay of nonspatial task states in the human hippocampus, Science, 364(6447)

9. Ben-Yakov A et al. (2013) Hippocampal immediate poststimulus activity in the encoding of consecutive naturalistic episodes, J Exp Psychol Gen, 142(4):1255–63

10. Frankland PW, Bontempi B (2005) The organization of recent and remote memories, Nat Rev Neurosci, 6(2):119–30

11. Mnih V et al. (2015) Human-level control through deep reinforcement learning, Nature, 518(7540):529–33

12. Silver D et al. (2016) Mastering the game of Go with deep neural networks and tree search, Nature, 529(7587):484–489

13. Silver D et al. (2017) Mastering the game of Go without human knowledge, Nature, 550(7676):354–359

14. https://twitter.com/jackyalcine/status/ 615329515909156865

15. https://www.wired.com/story/when-it-comes-to-gorillasgoogle-photos-remains-blind/

16. https://www.aclu.org/blog/privacy-technology/surveillancetechnologies/amazons-face-recognition-falsely-matched-28

17. Buolamwini J, Gebru T (2018) Gender Shades: Intersectional Accuracy Disparities in Commercial Gender Classification, Proceedings of Machine Learning Research, 81:1–15

18. Wang Y et al. (2016) Do They All Look the Same? Deciphering Chinese, Japanese and Koreans by Fine-Grained Deep Learning, arXiv:1610.01854

19. Sekeres MJ et al. (2016) Recovering and preventing loss of detailedmemory: differential rates of forgetting for detail types in episodic memory, Learn Mem, 23(2):72–82

20. Richards BA, Frankland PW (2017) The Persistence and Transience of Memory, Neuron, 94(6):1071–1084

21. Huijbers W et al. (2017) Age-Related Increases in Tip-of-thetongue are Distinct from Decreases in Remembering Names: A Functional MRI Study, Cereb Cortex, 27(9):4339–4349

22. Ramscar M et al. (2014) The myth of cognitive decline: nonlinear dynamics of lifelong learning., Top Cogn Sci, 6(1):5–42

23. Porter SB, Baker AT (2015) CSI (Crime Scene Induction): Creating False Memories of Committing Crime, Trends Cogn Sci, 19(12):716–718

24. https://www.innocenceproject.org/dna-exonerations- in-theunited-states/

25. St Jacques, PL et al. (2015). Modifying memory for a museum tour in older adults: Reactivation-related updating that enhances and distorts memory is reduced in ageing, Memory, 23(6):876–887

26. Björkstrand J (2017) Think twice, it's all right: Long lasting effects of disrupted reconsolidation on brain and behavior in human long-term fear, Behav Brain Res, 324:125–129

27. James EL et al. (2015) Computer Game Play Reduces Intrusive Memories of Experimental Trauma via Reconsolidation-Update Mechanisms, Psychol Sci, 26(8):1201–15

28. https://www.kapiert.de/lerntypentest/

29. Kirschner PA (2017) Stop propagating the learning styles myth, Computers & Education, 106:166–171

30. Dekker S et al. (2012) Neuromyths in Education: Prevalence and Predictors of Misconceptions among Teachers, Front Psychol, 3:429

31. Macdonald K et al. (2017) Dispelling the Myth: Training in Education or Neuroscience Decreases but Does Not Eliminate Beliefs in Neuromyths, Front Psychol, 8:1314

32. Rovers SFE et al. (2018) How and Why Do Students Use Learning Strategies? A Mixed Methods Study on Learning Strategies and Desirable Difficulties With Effective Strategy Users, Front. Psychol, doi:10.3389/fpsyg.2018.02501

33. https://www.bertelsmann-stiftung.de/de/themen/aktuellemeldungen/2016/januar/eltern-geben-jaehrlich- rund-900-millionen-euro-fuer-nachhilfe-aus/

34. https://www.globenewswire.com/news-release/ 2019/01/22/1703399/0/en/Global-Private-Tutoring-Market-Will-Reach-USD-177-621-Million-By-2026-Zion-Market-Research. html

35. https://www.globaldata.com/store/report/gdtmt- tr-s212--video-games-thematic-research/

36. https://www.prnewswire.com/news-releases/global-beautyand-personal-care-products-market-2018-2025---increasingadoption-of-augmented-reality-in-the-beauty-industry-300750230. html

37. Karpicke JD et al. (2009) Metacognitive strategies in student learning:Do students practise retrieval when they study on their own?, Memory, 7(4):471–479

38. Rothkopf EZ (1968) Textual constraint as function of repeated inspection, Journal of Educational Psychology, 59(1, Pt.1):20–25

39. Rawson KA, Kintsch W (2005) Rereading effects depend on time of test, Journal of Educational Psychology, 97:70–80

40. Roediger HL, Karpicke JD (2006) Test-enhanced learning: taking memory tests improves long-term retention, Psychol Sci, 17(3):249–255

41. Mueller PA, Oppenheimer DM (2014) The pen is mightier than the keyboard: advantages of longhand over laptop note taking, Psychol Sci, 25(6):1159–68

42. Lin C et al. (2018) Effects of Flashcards on Learning Authentic Materials: The Role of Detailed Versus Conceptual Flashcards and Individual Differences in Structure-

Building Ability, Journal of Applied Research in Memory and Cognition, 7(4):529–539

43. Roediger HL, Karpicke JD (2006) Test-enhanced learning: taking memory tests improves long-term retention, Psychol Sci, 17(3):249–55

44. https://www.worldmemorychampionships.com/wmc-2018/

45. Fellner MC et al. (2017) Spatial Mnemonic Encoding: Theta Power Decreases and Medial Temporal Lobe BOLD Increases Co-Occur during the Usage of the Method of Loci, eNeuro, doi:10.1523/ENEURO.0184-16.2016

46. Müller NCJ et al. (2018) Hippocampal-caudate nucleus interactions support exceptional memory performance, Brain Struct Funct, 223(3):1379–1389

47. Wang AY (1992) Keyword mnemonic and retention of secondlanguage vocabulary words, Journal of Educational Psychology, 84(4):520–528

48. Schmidgall SP, et al. (2019) Why do learners who draw perform well? Investigating the role of visualization, generation and externalization in learner-generated drawing, Learning and Instruction, 60:138–153

49. De Beni R, Moè A (2003) Presentation modality effects in stu dying passages. Are mental images always effective?, Applied Cognitive Psychology, 17(3):309–324

50. Leutner D et al. (2009) Cognitive load and science text comprehension: Effects of drawing and mentally imagining text content, Computers in Human Behavior, 25:284–289

51. Smith MA et al. (2013) Covert retrieval practice benefits retention as much as overt retrieval practice, Journal of Experimental Psychology: Learning, Memory, and Cognition, 39(6):1712–1725

52. Hattie JAC, Donoghue GM (2016) Learning strategies: a synthesis and conceptual model, NPJ Sci Learn, 1:16013

第二章：理解

1. https://www.cs.cornell.edu/courses/cs6700/2013sp/readings/01-a-Watson-Short. pdf

2. https://www.spiegel.de/netzwelt/gadgets/watsons-sieg-imjeopardy-duell-der-gewinner-schweigt-und-surrt-a-746056. html

3. https://gizmodo.com/ibms-watson-is-now-the-size-of-3-pizza-boxes-its-als-1497914636

4. Molino P et al. (2015) Playing with knowledge: A virtual player for »Who Wants to Be a Millionaire?« that leverages question answering techniques, Artificial Intelligence, 222:157–181

5. https://www.youtube.com/watch?v= D5VN56jQMWM

6. https://en.wikipedia.org/wiki/William_Wilkinson_(diplomat)

7. https://www.forbes.com/sites/erikaandersen/2012/03/23/true-fact-the-lack-of-pirates-is-causing-global-warming/

8. https://www.technologyreview.com/s/613943/facebooksnew-poker-playing-ai-could-wreck-the-online-poker-industryso-its-not-being/

9. Wallace E et al. (2019) Trick Me If You Can: Human-in-the Loop Generation of Adversarial Examples for Question Answering, Transactions of the Association for Computational Linguistics, doi:10.1162/tacl_a_00279

10. Schoenick C et al. (2016) Moving Beyond the Turing Test with the Allen AI Science Challenge, Communications of the ACM, doi:10.1145/3122814

11. https://www.nytimes.com/2019/05/22/technology/personal tech/ai-google-duplex.html

12. https://www.bloomberg.com/news/articles/2016-04-18/the-humans-hiding-behind-the-chatbots

13. https: // twitter. com/gkoberger/status/704745266901966848? lang= de

14. Greving CE, Richter T (2019) Distributed Learning in the Classroom: Effects of Rereading Schedules Depend on Time of Test, Front Psychol, doi:10.3389/fpsyg.2018.02517

15. Smith MA et al. (2016) Does Providing Prompts During Retrieval Practice Improve Learning?, Applied Cognitive Psychology, 30(4):544–553

16. Hattie JAC, Donoghue GM (2016) Learning strategies: a synthesis and conceptual model, NPJ Sci Learn, 1:16013

17. https://www.weforum.org/agenda/2018/10/singapore- hasabolished-school-exam-rankings-here-s-why/

18. https://www.economist.com/asia/2018/08/30/it-has-theworlds-best-schools-but-singapore-wants-better

19. Zhao Y (2012) Flunking innovation and creativity, Phi Delta Kappan, 94(1):56–61

20. Johansson S (2018) Do students' high scores on international assessments translate to low levels of creativity?, Phi Delta Kappan 99(7):57–61

21. https://reports.weforum.org/future-of-jobs-2018/shareableinfographics/?doing_wp_cron= 1565779648.2686231136322021484375

22. Holdgraf CR et al. (2016) Rapid tuning shifts in human auditory cortex enhance speech intelligibility., Nat Commun, 7:13654

23. Lake BM et al. (2015) Human-level concept learning through probabilistic program induction, Science, 350(6266):1332–1338

24. Fritz 廣播電台的卡洛琳娜‧柯內莉（Caroline Korneli）在 2019 年 3 月底使這個說法一夕爆紅。

25. Gervain J et al. (2012) Binding at birth: the newborn brain detects identity relations and sequential position in speech, J Cogn Neurosci, 24(3):564–74

26. Samuelson LK, McMurray B (2017) What does it take to learn a word?, Wiley Interdiscip Rev Cogn Sci, 8(1–2)

27. Merhav M et al. (2015) Not all declarative memories are created equal: Fast Mapping as a direct route to cortical declarative representations, Neuroimage, 117:80–92

28. Shtyrov Y et al. (2019) Explicitly Slow, Implicitly Fast, or the Other Way Around? Brain Mechanisms for Word Acquisition, Front Hum Neurosci, 13:116

29. Wojcik EH (2017) 2.5-year-olds' retention and generalization of novel words across short and long delays, Lang Learn Dev, 13(3):300–316

30. Holland AK et al. (2016) Get Your Facts Right: Preschoolers Systematically Extend Both Object Names and Category-Relevant Facts, Front Psychol, 7:1064

31. Kimppa L et al. (2016) Individual language experience modulates rapid formation of cortical memory circuits for novel words, Sci Rep, 6:30227

32. Gefunden auf: https://deecee.de/optische-illusionen/kippbilder/

33. Kizilirmak JM et al. (2019) Learning of novel semantic relationships via sudden comprehension is associated with a hippocampus-independent network, Conscious Cogn, 69:113–132

34. https://www.bbc.co.uk/news/health-17511011

35. Golomb BA et al. (2012) Association Between More Frequent Chocolate Consumption and Lower Body Mass Index, Arch Intern Med, 172(6):519–521

36. https://www.wsj.com/articles/SB10001424052702303404704577305611908900258

37. https://time.com/12933/what-you-think-you-know-aboutthe-web-is-wrong/#

38. Messerli FH (2012) Chocolate consumption, cognitive function, and Nobel laureates, N Engl J Med, 367(16):1562–4

39. Maurage P et al. (2013) Does chocolate consumption really boost Nobel Award chances? The peril of over-interpreting correlations in health studies, J Nutr, 143(6):931–933

40. https://www.google.org/flutrends/about/

41. Youyou W et al. (2015) Computer-based personality judgments are more accurate than those made by humans, Proc Natl Acad Sci U S A, 112(4):1036–1040

42. Wang Y, Kosinski M (2018) Deep neural networks are more accurate than humans at detecting sexual orientation from facial images, J Pers Soc Psychol, 114(2):246–257

43. Matz SC et al. (2019) Predicting individual-level income from Facebook profiles, PLoS One, 14(3):e0214369

44. https://www.tylervigen.com/spurious-correlations

45. https://www.cnbc.com/2018/05/21/2018s-fortune- 500-companies-have-just-24-female-ceos. html

46. https://www.reuters.com/article/us-amazon-com-jobs-automation-insight/amazon-scraps-secret-ai-recruiting- tool-thatshowed-bias-against-women-idUSKCN1MK08G

47. https://www.nzz.ch/wirtschaft/tesla-aktie-investoren-sauer-ueber-musks-aprilscherz-ld.1371191

48. Buchsbaum D et al. (2015) Inferring action structure and causal relationships in continuous sequences of human action, Cogn Psychol, 76:30–77

49. Gweon H, Schulz L (2011) 16-month-olds rationally infer causes of failed actions, Science, 332(6037):1524

50. Rakison DH, Krogh L (2012) Does causal action facilitate causal perception in infants younger than 6 months of age?, Dev Sci, 15(1):43–53

51. Meltzoff AN et al. (2012) Learning about causes from people: observational causal learning in 24-month-old infants, Dev Psychol, 48(5):1215–1228

52. Pulvermüller F (2018) The case of CAUSE: neurobiological mechanisms for grounding an abstract concept, Philos Trans R Soc Lond B Biol Sci, 373(1752)

53. https://www.telegraph.co.uk/news/uknews/9959026/Mothers-asked-nearly-300-questions-a-day-study-finds. html

54. Rizzolatti G, Sinigaglia C (2016) The mirror mechanism: a basic principle of brain function, Nat Rev Neurosci, 17(12):757–765

55. Nogueira Let al. (2011) (-)-Epicatechin enhances fatigue resistance and oxidative capacity in mouse muscle, J Physiol, 589(18):4615–4630

56. Sievers B et al. (2019) A multi-sensory code for emotional arousal, Proc Biol Sci, 286(1906):20190513

57. Bremner AJ et al. (2013) »Bouba« and »Kiki« in Namibia? A remote culture make similar shape-sound matches, but different shape-taste matches to Westerners, Cognition, 126(2):165– 172

58. Tenenbaum JB et al. (2011) How to Grow a Mind: Statistics, Structure, and Abstraction, Science, 331(6022):1279–1285

59. Foster-Hanson E, Rhodes M (2019) Is the most representative skunk the average or the stinkiest? Developmental changes in representations of biological categories, Cogn Psychol, 110:1–15

60. Sommer T (2017) The Emergence of Knowledge and How it Supports the Memory for Novel Related Information, Cereb Cortex, 27(3):1906–1921

61. Gilboa A, Marlatte H (2017) Neurobiology of Schemas and Schema-Mediated Memory, Trends Cogn Sci, 21(8):618–631

62. Mutter SA, Asriel MW (2018) Gist and Generalization in Young and Older Adults' Causal Learning, J Gerontol B Psychol Sci Soc Sci, 73(4):594–602

63. Zhan Q et al. (2018) Fast Memory Integration Facilitated by Schema Consistency, Conference Paper: The 40th Annual Con ference of the Cognitive Science Society, doi: https://doi.org/10.1101/253393

64. Wang M & Xie L (2016) The influence of category representations on exemplar generation, The Quarterly Journal of Experimental Psychology, 69(9):1851–1860

65. Warneken F, Tomasello M (2006) Altruistic helping in human infants and young chimpanzees, Science, 311(5765):1301–1303

66. O'Reilly T et al. (2019) How Much Knowledge Is Too Little? When a Lack of

Knowledge Becomes a Barrier to Comprehension,Psychological Science, doi: https://doi.org/ 10.1177/ 0956797619862276

67. Nelson TO., Narens L (1980) Norms of 300 general-information questions: Accuracy of recall, latency of recall, and felling-of-knowing ratings, Journal of Verbal Learning and Verbal Behavior, 19:338–368

68. Tauber SK et al. (2013) General knowledge norms: updated and expanded from the Nelson and Narens (1980) norms, Behav Res Methods, 45(4):1115–1143

69. Erhan Genç et al. (2019) The Neural Architecture of General Knowledge, European Journal of Personality, 33(5):589–605

70. Fazio LK et al. (2015) Knowledge does not protect against illusory truth, J Exp Psychol Gen, 144(5):993–1002

71. Brashier NM et al. (2017) Competing cues: Older adults rely on knowledge in the face of fluency, Psychol Aging, 32(4):331–337

第三章：你還在學，或者已經理解了？

1. Kang SHK, Pashler H (2012) Learning Painting Styles: Spacing is Advantageous when it Promotes Discriminative Contrast, Appl. Cognit. Psychol., 26:97–103

2. Verkoeijen PP, Bouwmeester S (2014) Is spacing really the »friend of induction«?, Front Psychol, doi:10.3389/fpsyg.2014.00259

3. Sana F, et al. (2017) Study sequence matters for the inductive learning of cognitive concepts, Journal of Educational Psychology, 109(1):84–986

4. Zulkiply N et al. (2012) Spacing and induction: Application to exemplars presented as auditory and visual text, Learning and Instruction, 22(3):215–221

5. Porter JM, Magill RA (2010) Systematically increasing contextual interference is beneficial for learning sport skills, J Sports Sci, 28(12): 1277–1285

6. Taylor K, Rohrer D (2010) The Effects of Interleaved Practice, Appl. Cognit. Psychol., 24:837–848

7. Zollo F et al. (2017) Debunking in a world of tribes, PLoS One, 12(7):e0181821

8. Vosoughi S et al. (2018) The spread of true and false news online, Science, 359(6380):1146–1151

9.   Ebbinghaus H (1885) Über das Gedächtnis, Verlag von Duncker & Humblot

10. Cepeda NJ et al. (2008) Spacing effects in learning: a temporal ridgeline of optimal retention, Psychol Sci, 19(11):1095–1102

11. Kapler IV et al. (2015) Spacing in a simulated undergraduate classroom: Long-term benefits for factual and higher-level learning, Learning and Instruction, 36:38–45

12. Kang SHK (2016) Spaced Repetition Promotes Efficient and Effective Learning: Policy Implications for Instruction, Policy Insights from the Behavioral and Brain Sciences, 3(1):12–19

13. Birnbaum MS et al. (2013) Why interleaving enhances inductive learning: the roles of discrimination and retrieval, Mem Cognit, 41(3):392–402

14. Lee SW et al. (2015) Neural computations mediating one-shot learning in the human brain, PLoS Biol, 13(4):e1002137

15. Gick ML, Holyoak KJ (1980) Analogical problem solving, Cognitive Psychology, 12(3):306–355

16. Grant HM et al. (1999) Context-dependent memory for meaningful material: information for students, Applied Cognitive Psychology, 12(6):617–623

17. Radvansky GA et al. (2017) Walking through doorways causes forgetting: Further explorations., Q J Exp Psychol, 64(8):1632–1645

18. Pan W et al. (2013) Urban characteristics attributable to density- driven tie formation, Nat Commun, 4:1961

19. https://de.fifa.com/worldcup/matches/round=255955/match= 300186474/statistics.html

20. Sidney PG et al. (2015) How do contrasting cases and selfexplanation promote learning? Evidence from fraction division, Learning and Instruction, 40:29–38

21. Lombrozo T (2016) Explanatory preferences shape learning and inference, Trends in Cognitive Sciences, 20(10):748–759

22. https://spielverlagerung.de/2014/07/09/das-71/

23. https://www.edge.org/annual-question/what-is-yourfavorite-deep-elegant-or-beautiful-explanation

24. https://www.pewforum.org/2019/02/06/the-evolution-ofpew-research-centers-survey-questions-about-the-originsand-development-of-life-on-earth/

25. Pacer M, Lombrozo T (2016) Ockham's razor cuts to the root: Simplicity in causal explanation, J Exp Psychol Gen, 146(12):-1761–1780

26. Lombrozo T (2007) Simplicity and probability in causal explanation, Cogn Psychol, 55(3):232–257

27. http://transcripts.cnn.com/TRANSCRIPTS/0006/26/bn.01. html

28. Weisberg DS et al. (2015) Deconstructing the seductive allure of neuroscience explanations, Judgment and Decision Making, 10(5):429–441

29. Eriksson K (2012) The nonsense math effect, Judgment and Decision Making, 7(6):746–749

30. Kelemen D et al. (2013) Professional physical scientists display tenacious teleological tendencies: purpose-based reasoning as a cognitive default, J Exp Psychol Gen, 142(4):1074–1083

31. Mares M-L, Acosta EE (2008) Be Kind to Three-Legged Dogs: Children's Literal Interpretations of TV's Moral Lessons, Media Psychology, 11(3):377–399

32. Walker CM, Lombrozo T (2017) Explaining the moral of the story, Cognition, 167:266–281

33. Jacobson MJ et al. (2017) Designs for learning about climate change as a complex system, Learning and Instruction, 52:1–14

34. Kant I (1784) Beantwortung der Frage: Was ist Aufklärung?, Berlinische Monatsschrift 4: 481–494

35. 感謝安德烈・卡亞利（Endre Kajari），這位來自下薩克森邦的獲獎優良教師。他告訴我他如何運用教學技巧，激發學生對自由落體原理產生好奇心。

36. Chi MTH et al. (1994) Eliciting self-explanations improves understanding, Cognitive Science, 18(3):439–477

37. Morrison JE, Meliza LL (1999) Foundations of the After Action Review Process, US Army Res. Inst. Behav. Soc. Sci., Spec. Rep. 42

38. 感謝漢斯 - 迪特・赫爾曼（Hans-Dieter Hermann）為我提供資訊。

39. Wade S, Kidd C (2019) The role of prior knowledge and curiosity in learning, Psychon Bull Rev, 26(4):1377–1387

40. Antony JW et al. (2017) Retrieval as a Fast Route to Memory Consolidation, Trends Cogn Sci, 21(8):573–576

41. Wiklund-Hörnqvist C et al. (2019) Neural activations associated with feedback and retrieval success, NPJ Sci Learn, doi:10.1038/s41539-017-0013-6

42. 再次感謝漢斯 - 迪特・赫爾曼為我提供德國足球國家隊的資料。

43. Loibl K et al. (2017) Towards a theory of when and how problem solving followed by instruction supports learning, Educational Psychology Review, 29(4):693–715

44. Kapur M (2014) Productive failure in learning math, Cogn Sci, 38(5):1008–1022

45. Steenhof N et al. (2019) Productive failure as an instructional approach to promote future learning, Adv Health Sci Educ Theory Pract, doi:10.1007/s10459-019-09895-4

46. Muller DA et al. (2008) Saying the wrong thing: Improving learning with multimedia by including misconceptions, Journal of Computer Assisted Learning, 24(2):144–155

47. Overoye AL, Storm BC (2015) Harnessing the power of uncertainty to enhance learning, Translational Issues in Psychological Science, 1(2):140–148

48. Kapur M (2013) Comparing Learning From Productive Failure and Vicarious Failure, Journal of the Learning Sciences, 23(4):651–677

49. Lai PK et al. (2017) Does sequence matter? Productive failure and designing online authentic learning for process engineering, British Journal of Educational Technology, 48(6):1217–1227

50. Chowrira SG et al. (2019) DIY productive failure: boosting performance in a large undergraduate biology course, NPJ Sci Learn, doi:10.1038/s41539-019-0040-6

51. Baldassari, MJ, Kelley M (2012) Make 'em laugh? The mnemonic effect of humor in a speech, Psi Chi Journal of Psychological Research, 17(1):2–9

52. 感謝漢斯 - 迪特・赫爾曼為我講述這則趣聞。

53. Metcalfe J (2017) Learning from Errors, Annual Review of Psychology, 68:465–489

54. Hew KF, Lo CK (2018) Flipped classroom improves student learning in health professions education: a meta-analysis, BMC Med Educ, 18(1):38

55. van Vliet EA et al. (2015) Flipped-Class Pedagogy Enhances Student Metacognition and Collaborative-Learning Strategies in Higher Education But Effect Does Not Persist, CBE Life Sci Educ, 14(3). pii: ar26

56. van Alten DCD et al. (2019) Effects of flipping the classroom on learning outcomes and satisfaction: A meta-analysis, Educational Research Review, doi:10.1016/j.

edurev.2019.05.003

57. Styers ML et al. (2018) Active Learning in Flipped Life Science Courses Promotes Development of Critical Thinking Skills, CBE Life Sci Educ, 17(3):ar39

58. http://www.newschools.org/wp-content/uploads/2019/09/Gallup-Ed-Tech-Use-in-Schools-2. pdf

59. Carter SP et al. (2017) The impact of computer usage on academic performance: Evidence from a randomized trial at the United States Military Academy, Economics of Education Review, 56:118–132

60. Patterson RW et al. (2017) Computers and productivity: Evidence from laptop use in the college classroom, Economics of Education Review, 57:66–79

61. Mangen A et al. (2019) Comparing Comprehension of a Long Text Read in Print Book and on Kindle: Where in the Text and When in the Story?, Front Psychol, doi:10.3389/fpsyg. 2019.00038

62. Freund L et al. (2016) The effects of textual environment on reading comprehension: Implications for searching as learning, Journal of Information Science, 42(1):79–93

63. Bano M et al. (2018) Mobile learning for science and mathematics school education: A systematic review of empirical evidence, Computers & Education, 121:30–58

64. Reber TP, Rothen N (2018) Educational App-Development needs to be informed by the Cognitive Neurosciences of Learning & Memory, npj Science of Learning, 3:22

65. https://www.gminsights.com/industry-analysis/elearningmarket-size

66. Sung Y-T et al. (2016) The effects of integrating mobile devices with teaching and learning on students' learning performance: A meta-analysis and research synthesis, Computers & Education, 94:252–275

67. Hu X et al. (2019) Implementation of flipped classroom combined with problem-based learning: an approach to promote learning about hyperthyroidism in the endocrinology internship, BMC Med Educ, 19(1):290

68. https://www.insidehighered.com/digital-learning/article/ 2019/06/14/google-it-certificate-program-expandsmore-community-colleges

69. https://www.businessinsider.in/tech-workers-in-siliconvalley-are-sending-their-kids-to-a-28000-a-year-privateschool-that-shuns-technology/articleshow/62935547. cms

70. https://www.cnbc.com/2018/06/05/how-bill-gates-markcuban-and-others-limit-their-kids-tech-use. html

71. https://www.ilac.com/tech-free-schools-for-children-ofsilicon-valley/

72. Kishida KT et al. (2012) Implicit signals in small group settings and their impact on the expression of cognitive capacity and associated brain responses, Philos Trans R Soc Lond B Biol Sci, 367(1589):704–716

73. Subhash S, Cudney EA (2018) Gamified learning in higher education: A systematic review of the literature, Computers in Human Behavior, 87:192–206

74. Gentry SV et al. (2019) Serious Gaming and Gamification Education in Health Professions: Systematic Review, J Med InternetRes, 21(3):e12994

75. Rondon S et al. (2013) Computer game-based and traditional learning method: a comparison regarding students' knowledge retention, BMC Med Educ, doi:10.1186/1472-6920-13-30

76 https://www.knowhow.de/fileadmin/knowhow/redaktion/pdf/award/2018/JB2018_AWARD_KH_Netto_2018. pdf

77. 在此向安德烈・卡亞利、韋珀珂・安德烈斯（Wiebke Endres）與多米尼克・史皮特曼（Dominic Spittmann）三人致謝，他們對現代教學法的創見可見於本書中。

78. https://www.economist.com/leaders/2018/08/30/whatother-countries-can-learn-from-singapores-schools

79. Darling-Hammond L (2017) Teacher education around the world: What can we learn from international practice?, European Journal of Teacher Education, 40(3):291–309

80. Kornell N, Hausman H (2016) Do the Best Teachers Get the Best Ratings?, Front Psychol, doi:10.3389/fpsyg.2016.00570

81. 這段引述的文字出自 E. M. 凱利（E. M. Kelly）。

82. 感謝西亞・席（Khe Hy）提供這項研究供我參考。https://www.psychologytoday.com/us/blog/creativityrulz/200908/the-5-challenge

83. Saggar M et al. (2019) Creativity slumps and bumps: Examiningthe neurobehavioral basis of creativity development during middle childhood, NeuroImage, 196:94–101

84. Besançon M et al. (2015) Influence of school environment on adolescents' creative potential, motivation and well-being, Learning and Individual Differences, 43:178–184

85. Siemens Geschäftsbericht 2000, Seite 43, https://www.siemens.com/investor/pool/

en/investor_relations/downloadcenter/gb2000_d_1365090. pdf

86. Siemens Geschäftsbericht 2005, Seite 97, https://www.marketscreener.com/ SIEMENS-436605/pdf/37190/Siemens_Annual-Report. pdf

87. ttps://www.heise.de/newsticker/meldung/Siemensverteilt-die-Mitarbeiter-der-Com-Sparte-155935. html

88. 感謝克里斯多夫・富和斯（Christoph Fuchs）讓我了解這件事的來龍去脈。詳細內容請參考：Christoph Fuchs, Franziska J. Golenhofen, Mastering Disruption and Innovation in Product Management, Springer Nature, 2019, S. 12 ff.

89. 這則故事出自喬・凱撒（Joe Kaeser）發表在《商業報》（Handelsbaltt）的文章。詳細內容請參考：https://www.golem.de/news/startups-siemens-hat-in-80er-jahren-idee-fuer-voipabgelehnt-1605-120754. html

90. https://www.wsj.com/articles/SB10001424052702304388004577531002591315494

91. Geschäftsbericht Siemens 2018, S. 66 https://www.siemens.com/investor/pool/de/ investor_relations/Siemens_GB2018. pdf

92. Kaplan JT et al. (2016) Neural correlates of maintaining one's political beliefs in the face of counterevidence., Sci Rep, 6:39589

93. https://www.boersenblatt.net/2019-02-15-artikel-_e-books_im_hoehenflug_-kennzahlen_zum_buchmarkt_ 2018_.1599949. html

94. Millard-Ball A (2016) Pedestrians, Autonomous Vehicles, and Cities., Journal of Planning Education and Research, 38(1):6–12

95. https://www.businessinsider.de/fussgaenger-schikanieren-selbstfahrende-uber-autos-das-fuehrt-zu-gravierendenproblemen-2019-6

96. https://www.insider.com/instagrammer-arii-2-millionfollowers-cannot-sell-36-t-shirts-2019-5

97. Beckett S (1983) Worstward Ho

98. https://www.nytimes.com/2014/09/28/fashion/ariannahuffington-kobe-bryant-meditate. html

99. Statistische Erhebung der Gutachterkommissionen und Schlichtungsstellen für das Statistikjahr 2018, Bundesärztekammer, 2018, https://www.bundesaerztekammer.de/ fileadmin/user_upload/downloads/pdf-Ordner/Behandlungsfehler/ Behandlungsfehler-Statistik_2018. pdf

100. https://www.businessinsider.com/the-full-text-of-steve-jobsstanford-commencement-speech-2011-10?IR= T

101. Belski I et al. (2016) Educating a Creative Engineer: Learning from Engineering Professionals, Procedia CIRP, 39:79–84

最強腦力：

德國冠軍腦科學家實證的數位時代大腦學習法

Das neue Lernen: heißt Verstehen

作者	漢寧·貝克 Henning Beck
譯者	賴雅靜
商周集團榮譽發行人	金惟純
商周集團執行長	郭奕伶
視覺顧問	陳栩椿
商業周刊出版部	
總編輯	余幸娟
責任編輯	呂美雲、黃郡怡
封面設計	Javick studio
內頁排版	邱介惠
出版發行	城邦文化事業股份有限公司-商業周刊
地址	104台北市中山區民生東路二段141號4樓
傳真服務	（02）2503-6989
劃撥帳號	50003033
戶名	英屬蓋曼群島商家庭傳媒股份有限公司城邦分公司
網站	www.businessweekly.com.tw
香港發行所	城邦（香港）出版集團有限公司
	香港灣仔駱克道193號東超商業中心1樓
	電話：(852)25086231　傳真：(852)25789337
	E-mail：hkcite@biznetvigator.com
製版印刷	中原造像股份有限公司
總經銷	聯合發行股份有限公司　電話：(02) 2917-8022
初版 1 刷	2021年3月
初版 3 刷	2021年4月
定價	380元
ISBN	978-986-5519-31-5（平裝）

國家圖書館出版品預行編目資料

最強腦力：德國冠軍腦科學家實證的數位時代大腦學習法
/漢寧・貝克(Henning Beck)著；賴雅靜譯.
-- 初版. -- 臺北市：城邦商業周刊，2021.03
256面；17×22 公分.
譯自：Das neue Lernen : heißt Verstehen.

ISBN 978-986-5519-31-5（平裝）

1.學習方法　　2.健腦法

521.1　　　　　　　　　　　　　　　　　110001307

藍學堂

學習・奇趣・輕鬆讀